全国技工院校公共课教材

心理健康教育

（第四版）

人力资源社会保障部教材办公室组织编写

中国劳动社会保障出版社

图书在版编目(CIP)数据

心理健康教育/人力资源社会保障部教材办公室组织编写. -- 4 版. -- 北京：中国劳动社会保障出版社，2021

全国技工院校公共课教材

ISBN 978-7-5167-5021-6

Ⅰ.①心…　Ⅱ.①人…　Ⅲ.①心理健康-健康教育-技工学校-教材　Ⅳ.①G444

中国版本图书馆 CIP 数据核字(2021)第 185086 号

中国劳动社会保障出版社出版发行

(北京市惠新东街 1 号　邮政编码：100029)

*

北京市白帆印务有限公司印刷装订　　新华书店经销

787 毫米×1092 毫米　16 开本　11.5 印张　220 千字

2021 年 11 月第 4 版　　2023 年 7 月第 7 次印刷

定价：26.00 元

营销中心电话：400-606-6496

出版社网址：http://www.class.com.cn

http://jg.class.com.cn

前 言

心理健康是人在成长和发展过程中，认知合理、情绪稳定、行为适当、人际和谐、适应变化的一种良好状态。但是，随着当代经济社会的高速发展，学习、工作、生活节奏的日益加快，变化增多，人们的各种心理问题，特别是青少年的心理问题日趋突出。

本书针对技工院校学生这个特定群体，结合时代发展的多元性和网络化特点，就青少年心理成长所涉及的主要方面普及心理健康知识。主要特点如下：

第一，遵循心理健康教育的基本规律，从学生的身心整体健康出发，促进学生人格的和谐发展。学生通过对心理健康的全面理解以及心理锻炼，使自身在身体、心理与行为方面达到和谐统一，从而赏悦自己，悦纳他人，增强社会适应能力，成长为心智健康的公民。

第二，关注学生的自我成长，引导青少年的自我觉醒。青少年期是人生中的重要时期。一方面，学生的身体、心理和思想都在发生急剧变化；另一方面，这一时期也是具有极强可塑性的关键时期。心理健康知识的学习，即是关注自我的学习，认识自我成长过程中的各种问题，诸如学习、情绪、交往等方面，审视自我，探索自我，调节自我，完善自我。

第三，强调学生自察自纠能力的培养。学生在自觉学习本书的基础上，掌握心理健康的相关知识，对于有偏差的心理及行为能够及时自察，自觉预防，从而形成自我诊断与调节的意识和能力。本书设有“课堂活动”和“资料卡片”栏目，既是对心理知识的必要补充和拓展，也为学生提供一些心理诊断或行为指导的方法，帮助其更好认识自我、发展自我，促进其心理健康水平的提高。

第四，精选案例，生动说理，使学生生成感悟并指导其行为。通过实用案例的心理剖析，将心理学的内容具体化、生活化和鲜明化，使学生容易理解并能产生感同身受的心理共鸣，在感悟中提高认知，习得经验，获得力量，影响行为，提升其生活热情。

心理学的严谨性、系统性、复杂性，以及个体心理发展差异性的存在，决定了开展心理健康教育的难度。本书编写严格遵循心理学的学科严谨性，但不追求其系统性，对其复杂性做了一定程度的通俗化处理，目的是让学生能够读得进、读得懂、读得有悟有用。这是我们对心理健康教育的一种探索与实践。希望本书在一定程度上为学生的心理成长提供方向与指导，为广大教育工作者的心理健康服务工作提供一些有益的参考。

本书由巢燕、宦平主编，王春雪、朱梅芳审稿。受编者水平和篇幅所限，本书存在疏漏、不当之处，欢迎大家不吝指正，为本书完善提供宝贵意见。

人力资源社会保障部教材办公室

2021 年 9 月

目　录

第一章 认识心理健康

一天，我们来到这个世界，便有了自己的一小片心灵。

渐渐地，我们长大了。烦恼斟来一杯苦酒：喝吧，尝一尝什么叫作苦恼！喜悦斟来一杯甘露：喝吧，尝一尝什么叫作欢乐！

我们有了自己的理想、睿智和力量，畅想着用彩虹和霞光编织的锦绣前程；我们也有了妒忌、自卑和彷徨，感受着欲望和失落编织的情感激荡……

终于，我们走进了自己的心灵。在这个完全属于自己的世界里，我们把自己的心灵和整个社会联结到了一起。我们爱着微笑，爱着真诚，爱着芬芳的花草、清新的微风、柔和的月色，更爱着生命至高无上的价值和尊严。

第一节　懂得健康价值

在这个世界上，对每个人来说，生命是宝贵的，健康是公平的。我们珍爱生命，就必须珍爱健康；我们热爱生活，就必须热爱健康；我们追求幸福，就必须追求健康。健康是我们生命存在的最佳状态，是我们快乐生活的源头，是我们事业成功的坚实基础。

一、健康与心理健康

说到健康，我们首先想到的就是身体健康，这也是千百年来人们对健康的基本认识。《辞海》对“健康”是这样定义的：所谓健康，是指人体各器官系统发育良好，体质健壮，功能正常，精力充沛，并具有良好劳动效能的状态，通常用人体测量、体格检查和各种生理指标来衡量。在其他一些词典里，健康更是被简明扼要地定义为：身体机能处于正常运转状态，没有疾病。“祝您身体健康”是人们经常使用的祝颂语。

资料卡片

扁鹊是我国历史上的名医。据史书记载，魏文王曾经问过扁鹊一个问题：“你们兄弟三人都精于医术，谁的医术最好呢?”扁鹊回答道：“大哥最好，二哥差些，我是三人中最差的一个。”

扁鹊解释说：“大哥治病，是在病情发作之前，那时病人自己还不觉得有病，大哥就下药铲除了病根，他的医术因此难以被人认可。因为他治未病，所以没有名气，只是在我们家中被推崇备至。我的二哥治病，是在病初起之时，症状尚不明显，二哥就能药到病除，人们都认为二哥只是治小病很灵。我治病，都是在病情十分严重之时，病人痛苦万分，病人家属心急如焚。他们看到我在经脉上穿刺，用针放血，或在患处敷以毒药以毒攻毒，或动大手术直指病灶，使重病人的病情得到缓解或很快被治愈，所以我名闻天下。”

所谓“未病”，用现在的话说就是介于健康和疾病之间的亚健康状态。这种状态主要指在医院检查、化验查不出毛病，又自我感觉身体不舒服的情况，比如易疲劳、胃口差、难入睡等。亚健康状态既可以向好的方向转化恢复到健康状态，也能向坏的方向转化发展为各种疾病。扁鹊的大哥高明之处，就在于通过预防性治疗将这种亚健康状态转化恢复到健康状态。在今天，人们主要通过科学的营养、保健和锻炼来预防、减少亚健康状态的发生，从而维护和促进身体健康。

是不是我们的身体从不生病，体质的各项指标都达到了国家标准，也没有亚健康状况，就一定是健康的呢？过去，我们可以做出“肯定”的回答，但随着现代健康科学的发展，现在这个答案就不再是“肯定”的了。早在1946年，世界卫生组织成立时就在它的宪章中对健康做了如下表述：“健康是一种在身体上、心理上和社会上的圆满状态，而不仅仅指没有疾病和虚弱的状态。”

这个表述在当代已经得到了各国政府和民众的普遍认可和重视。这个表述将健康的内涵从生理层面扩展到心理层面和社会层面——只有在生理和心理两个层面都没有问题，并且这两个层面能协同一体地促进一个人积极适应社会生活，这样的状态才算是健康的。

那么，什么是心理？什么样的状态才算是心理健康呢？

首先，我们每个人都有自己的个性或者性格，如有人活泼好动，有人安静内敛；其次，我们每个人都有自己的态度和情感，如喜怒哀乐、爱恨情仇；最后，我们每个人面对某人、某事或某物都会有一个因认知的变化而出现情绪变化的过程，如乐极生悲、爱而生恨。上述三个方面的综合称为心理。

心理依附于感官和大脑。如果眼睛、耳朵、鼻子、皮肤等感觉器官接收到外部信息，大脑会对之做出认识和反应。如果这种认识和反应是正确的、积极的，并能带给我们持续的愉悦，使我们能良好地适应环境、参与社会活动，那我们的心理状态就是健康的。

当然，对于心理健康还有许多的解释：有的认为是人们对环境能高效愉快地适应；有的认为是一种积极、丰富而持续的心理状态，在这种状态下适应良好，具有生命活力，能充分发展其身心潜能；有的认为心理健康表现为积极性、创造性和人格统一性，有行动热情和良好的社会适应力。较为普遍的观点是，健康的心理状态表现为能够充分促进个人发挥最大潜能，能妥善地处理人与人之间、人与社会环境之间的相互关系。

综上所述，一个心理健康的人具有以下特点：身体、智力、情绪十分协调；适应环境，人际关系良好；在学习、工作和各种社会活动中，能充分发挥自己的能力，有效率；愉悦感、幸福感很强。

资料卡片

在 2021 年 2 月 17 日晚 8 点的“感动中国 2020 年度人物颁奖盛典”上，组委会给予云南丽江华坪女子高级中学校长张桂梅的颁奖词是这样写的：烂漫的山花中，我们发现你。自然击你以风雪，你报之以歌唱。命运置你于危崖，你馈人间以芬芳。不惧碾作尘，无意苦争春，以怒放的生命，向世界表达倔强。你是崖畔的桂，雪中的梅。

张桂梅校长创办免费女子高中 12 年，已经有 1 804 名大山里的女孩从这里走进大学，本科上线率排名丽江市第一。把大山里的女孩儿送进大学，让学生们远方有灯、脚下有路、眼前有光，在山沟里也能看到外面精彩的世界，看到美好的未来。投身贫困山区的女生教育事业，是张桂梅校长与贫困大山的较量，与传统山区重男轻女思想的斗争，也是为贫困山区女孩儿改变命运的伟大付出。

“我生来就是高山而非溪流，我欲于群峰之巅俯瞰平庸的沟壑。我生来就是人杰而非草芥，我站在伟人之肩藐视卑微的懦夫。”这是华坪女高的誓言，也是校训。张校长培养的女孩，要做独立的“做自己”的优秀的女孩，不攀附谁，不做攀缘的凌霄花，走出大山，用知识改变命运，成就自我。

张桂梅校长用她的初心和信仰谱写了贫困山区女生教育的华章，她的身体健康状况并不理想，但她的心理健康状况却始终处于一种“圆满”的状态，犹如一盏明灯，激励影响着这些女孩，在人生的道路上，全力以赴，奔赴前程。

心理健康是身体健康的精神支柱，身体健康又是心理健康的物质基础。良好的心理状态可以使生理功能处于最佳状态，反之则会降低或破坏某些生理功能而引起疾病，即所谓“积郁成疾”。而对于很多心理状态不够稳定甚至是不太健康的人来说，生理缺陷、疾病，特别是痼疾，往往会使其产生烦恼、焦躁、忧虑、抑郁等不良情绪，从而导致各种不正常的心理状态，乃至病态。反之，即便有严重的生理疾病，健康的心理也能使之乐观坚强地面对生活，甚至获得常人难以企及的成功。

课堂活动

史蒂芬·威廉·霍金，1942 年 1 月 8 日出生于英国牛津，毕业于牛津大学和剑桥大学。他在 21 岁时不幸患上卢伽雷氏症（肌萎缩侧索硬化），从此被禁锢在轮椅上。他只有三根手指可以活动，疾病使他的身体严重变形，头只能朝右边倾斜，嘴巴歪成“S 形”。1985 年，因患肺炎做了穿气管手术，他又被彻底剥夺了说话的能力。

就是这样重度残疾的一个人，每天驱动轮椅从家——剑桥西路 5 号，经过美丽的剑河、古老的国王学院驶到银街的剑桥大学应用数学和理论物理系的办公室。在这里，霍金探索宇宙的奥秘，提出宇宙大爆炸自奇点开始、黑洞最终会蒸发等理论，写出了发行量超过 2 500 万册的科普著作《时间简史》，他成了被誉为继爱因斯坦之后最杰出的理论物理学家。

霍金为什么能成为一名杰出的理论物理学家？从他的故事中你获得了哪些启示呢？

二、心理健康的标准

绝对的心理健康状态是不存在的。根据心理学家的研究，绝大多数人都处在比较健康和不健康之间，而且人的心理健康状态是动态变化的。也就是说，人的心理状况既可以从相对比较健康变得健康，又可以从相对健康变得不那么健康、亚健康，甚至不健康。因此，我们需要掌握心理健康的一般规律，通过自身的努力来维护和促进我们的心理健康。

心理健康的人并非没有痛苦和烦恼，即便像张桂梅、霍金这样拥有极其强大心理能力的人，只是他们能适时地从痛苦和烦恼中解脱出来，积极地寻求改变不利现状的途径。他们能够深切领悟人生冲突的严峻性和不可回避性，也能深刻体察人性和世事的是非善恶。

他们善于学习，善于从不同角度看待问题，而绝不会从狭隘自我的角度去钻牛角尖。他们善于利用各种资源不断地充实自己，既积极进取、创造价值，也善于享受美好的人生。

但是，所有人都拥有像张桂梅、霍金那样的健康心理素质是不现实的。所以，经过对无数普通人健康状态的研究，心理学家提出了心理健康的标准，目的是希望我们能够对照它，时常有意识地对自己有偏差的行为或状态进行调整，从而改善心理状态、提升心理健康水平。

资料卡片

心理学家马斯洛和米特尔曼提出了十项心理健康的标准，被公认为“目前最经典”的标准：第一，有足够的安全感；第二，能充分地了解自己，并对自己的能力做出恰当的判断和估计；第三，生活目标切合实际；第四，不脱离周围现实环境，与外界环境保持接触；第五，能保持人格的完整与和谐；第六，有一定的学习能力，善于从经验中学习；第七，能保持良好的人际关系；第八，能适度表达、发泄与控制自己的情绪；第九，在符合集体要求、不违背集体利益的前提下，能有限度地发挥自己的个性；第十，在不违背社会道德规范的前提下，能恰当地使个人的基本需要得到一定程度的满足。

我国心理学家在综合借鉴国外心理健康标准研究成果的基础上，针对我国青年学生的心理发展特征，提出了我国青年学生心理健康的七项指标。

1. 智力水平正常

智力指人们认识、理解客观事物并运用知识、经验等解决问题的能力，包括观察力、注意力、记忆力、思维能力、判断力和想象力。拥有正常的智力是心理健康的首要标准，这是从事一切活动的最基本的心理条件，是我们能够胜任学习及工作、掌握解决问题的方法、提高工作效率、适应周围环境变化的心理保证。比如，在课堂上能否专注听讲并积极思考，能否就某一个科学原理的应用举一反三。

每个人的学习成绩是不一样的，但学习成绩不能和智商画等号。一方面是因为影响学习成绩的因素非常多，如兴趣、奖惩、环境等；另一方面是因为智力具有多元的指向性，比如，有的人智力更多倾向于空间想象，有的人倾向于逻辑思维，有的人倾向于语言或音乐，有的人倾向于自然探索，有的人倾向于人际关系或生存智慧。拥有正常智力的人都会充分运用自己的智力特长，在自己喜欢的领域积极进取，并乐在其中。

2. 情绪稳定乐观

情绪指我们在受到某种刺激时产生的一种身心变化的状态，是人脑对客观事物是否符合人的需要而产生的一种觉知和体验。情绪的表现形态非常多，主要包括喜、怒、哀、乐等几种。

情绪稳定乐观是心理健康的主要标志。喜怒无常则是心理不健康的表现。心理健康者的情绪处于相对平衡的状态，对外界刺激的反应适时恰当，总体情绪倾向于愉快乐观，积极情绪多于消极情绪。换句话说，一个人难免会因为遇到不顺心的事情而神情沮丧，心理健康的人能很快走出来；反之，则会使自己长期悲观、消极。由于心理发展不够成熟，青年学生的情绪波动相对较大是正常的，但如果经常处于“感时花溅泪，恨别鸟惊心”或者“怒发冲冠”“忧思难忘”的非常规状态，那就说明我们的心理素质可能存在某种缺陷。

3. 意志品质坚定

意志是一个人自觉地确定目标并支配与调节自己的行为，尤其是在遭遇挫折、困难时依然能坚持奋斗的心理过程。一个人在顺境中，意志的力量和作用表现得并不明显，但身处逆境时，就需要坚强的意志力来控制自己的行为。

心理学家认为，意志是每个人内心的最高“领袖”。因为意志是我们从事各种行为的“命令”发布者和监督者，当这些“命令”被完全执行时，就意味着我们拥有了强大的自制力。这种能力能保证行为和思想协调统一，保证行为方式与所承担的责任高度一致，保证我们在行为过程中能承受各种压力和磨难。

资料卡片

1918 年，他出生于天津一个书香门第。在他很小的时候，经常看到母亲捧着一本叫《红楼梦》的书出神而大为不解。后来，他终于明白了母亲为何对那一本书如痴如醉，他甚至还产生了要英译《红楼梦》的想法。

1947 年，正读燕京大学的他，试探着写了一篇红学文章，发表在当年的《民国日报》上。从此，他走上了漫长而艰辛的红学研究之路。

1948 年，他完成了《红楼梦新证》，被誉为“红学方面一部划时代的重要著作”。该书于 1953 年 9 月由棠棣出版社出版后，一时洛阳纸贵，3 个月内连着重印 3 次，当年的研究者们几乎人手一册。这是红学史上首部文史哲综合学术论著。

因为研究《红楼梦》，他从四川大学外文系调到北京的人民文学出版社任编辑，成了学界“红人”。“文化大革命”后，他被下放到湖北咸宁“五七”干校劳动。别人都说他，“成也‘红楼’，败也‘红楼’”。然而，无论包围在溢美之词中，还是饱受他人的呵斥拷问，所有的一切都没改变他对学术研究的热爱。即使是在“五七”干校，每日劳动之余，他依然没忘记自己的“本职工作”——读《红楼梦》，写体会。

经历了太多的艰难坎坷，他二十几岁双耳失聪，后又因用眼过度，两眼几近失明。可是他依然每天工作，笔耕不辍，著书立说，先后撰写了《红楼梦新证》《曹雪芹传》《红楼夺目红》等几百万字的红学专著。他就是新中国研究《红楼梦》第一人，享誉海内外的考证派主力和集大成者——周汝昌。

周汝昌用一生的时间朝着心中的圣殿稳步前行，在意志的引领下，他一次次拨开云雾，在学术道路上坚定探索，在收获生命春天的同时，也收获了一路的风景。当我们心怀目标或者梦想时，如果没有坚强意志力的保证，一切就都是幻想。诚如孟子所说：“天将降大任于斯人也，必先苦其心志，劳其筋骨，饿其体肤，空乏其身，行拂乱其所为，所以动心忍性，曾益其所不能。”可见，意志力是多么重要。心理学家通过科学手段也说明了意志力的强弱是一个人心理是否健康、健康到什么程度的核心标尺。

4. 人际关系和谐

良好的人际关系是维系心理健康不可缺少的条件。在社会交往过程中，心理健康的人通常表现如下：一是乐于交往、善于交往；二是在交往中能保持独立的自我，有自知之明，举止得当；三是在交往中能真诚待人，能深刻体悟到友爱与理解的重要；四是能客观评价他人，懂得欣赏他人，尊重他人的权益和意见；五是积极态度（如热情、坦诚、尊重等）远多于消极态度（如忌妒、冷漠、猜忌等）；六是在处理人际冲突时能够有效控制内心的冲动，耐心倾听不同的声音，三思而行，择善而动。

5. 行为反应适度

当一个人受到外部某事、某物或者某人的刺激时，就会以某种方式做出行为上的反应。面对相同的刺激，人与人之间的反应是不一样的。比如，有人反应强烈，有人反应平和，有人反应麻木，有人反应敏感，有人反应迟钝，有人反应激烈。心理健康的人的反应是适度的，主要有以下四个特点：一是行为反应与特定的社会环境协调，比如讨论会上自己的观点受到质疑乃至反驳时，不生气，不争执，更不会反唇相讥。二是行为反应与年龄协调，比如面对老师不合理的呵斥，小学生会害怕、逃避，中学生会委屈、诉说，大学生会思考、申辩。三是行为反应与自己的角色身份协调，比如，小孩子受了委屈可以对父母耍耍小性子、撒撒娇，但对老师就不可以这样了。四是行为反应与所受刺激的强度协调，比如面对同学无恶意的调侃，可以一笑了之；对来自同学的恶意挑衅，则可以据理回应，以柔克刚。

行为反应是否适度，是衡量心理健康与否非常重要的指标之一。我们可能会遇到非常喜欢猜忌的人，这样的人只要看到有人在议论什么，就会认为是在说自己的坏话，就忍不住上去理论，甚至谩骂。这种行为反应显然是非常过分的，是异常的。反之，有的人对外部刺激的行为反应极为木然，即便你指着鼻子骂他，他也若无其事、无动于衷，这同样是不正常的。清代小说《儒林外史》讲到老儒生范进听说自己考中举人便不能自已，疯疯癫癫地跑到大街上，直到被丈人狠狠地打了一个耳光才清醒过来。这是因为长期科举考试失败的打击，范进的心理已经处于病态，导致了他的失常反应。

当然，一个人的行为反应是否适度，不能看他一时一事的反应状态，对暂时的、偶发的激烈情绪反应不能盲目地诊断为疾病。比如，一个人在专注于重要工作的情况下，突然响起的电话铃声会让他受到惊吓，甚至愤怒地将电话机摔掉。一个身患重病的人无意听到医生谈论他人病情的危重后果，就会联想到自己，进而产生绝望的情绪甚至歇斯底里。当情绪恢复平静、疾病得到治愈时，这种暂时性的异常行为反应自然会消失。但上述异常行为反应经常出现，则表明心理可能出现了某种问题。

6. 能够悦纳自己

所谓悦纳自己是指一个人相信自己的存在价值，认同自己的能力特质，并在行为上表现出一种与环境和他人积极互动的心理状态。通俗地说，就是能够愉悦地接纳自己，包括接纳自己的某些缺陷，并能不断地进行自我激励，使自己的人生过得充实而有意义。

心理健康的人通常既有自知之明，又能根据自己的情况，在接受自己、欣赏自己的前提下不断完善自己。能够悦纳自己的人，能客观地了解自己的优点和缺点，也了解自己的性格、能力、兴趣、爱好、情绪、动机等，就能在生活实践中加强心理修养。相反，妄自尊大、目空一切的人，妄自菲薄、沮丧自卑的人，孤芳自赏、顾影自怜的人都不是心理健康意义上的悦纳自己的人。

7. 社会适应良好

社会适应是指一个人为了更好地生存，能够在心理、生理以及行为等方面对所处社会环境进行匹配性改变，“入乡随俗”说的就是这个意思。当我们突然处于一个全新的环境时，大都会面临诸多新的挑战，这时，心理健康的人往往能较快地在新的环境中找到新的关注点和生长点并且努力适应；当社会环境出现一些对自己来说是不利的负面变化时，心理健康的人会不断调整自己对现实的期待和态度，主动调整自己的行为目标和行为方式，努力使自己的思想、言行和心理状态与社会环境保持协调。

课堂活动

《鲁滨孙漂流记》是英国作家笛福根据真人真事于 1719 年创作完成的一部经典小说。小说中的鲁滨孙生于一个商人之家，他从小就喜欢冒险。在三次出海均遭失败后的 1659 年，鲁滨孙第四次出海，又遭遇海难，被冲至一个荒无人烟的小岛上，开始了长达 28 年的孤独生活。

为了不让自己忘记时间，防止自己失去语言能力，鲁滨孙用刀子在大树上刻记年月，每天对着大海和植物说话；他尝试着用植物根茎、烟叶来给自己治病；捕捉海龟和飞鸟，用来改善营养；还捉了只鹦鹉养了起来，并给他起个名字叫“波儿”……

获救时他已阔别家乡 35 年，然而他很快融入了当地社会，娶妻生子，并再一次开始了他的冒险征程。

鲁滨孙具有哪些心理品质？最值得我们学习和借鉴的是什么？为什么？

三、心理健康的意义

1. 心理健康是身体健康的保证

人的心理活动和生理活动是密切相关、相互依存的，不存在无生理活动的心理活动，也不存在无心理活动的生理活动。生理健康是心理健康的基础，而心理健康反过来又能促进生理健康。研究表明，人体内有一种最能促进身体健康的力量，就是良好的情绪。一个人如果善于调节情绪，经常保持心情愉快，可以达到未雨绸缪、无病防病、有病易治的效果。医学家们也发现，有许多疾病的发生和发展和不良的心理因素有关。例如，神经性皮炎、消化性溃疡、失眠症等。心理健康和身体健康的关系由此可见一斑。身与心之间连接要通过神经系统的调节。

资料卡片

每学期开学之始，对于一部分中小学生所表现出的一种明显的不适应新学期学习生活的非器质性的病态表现，心理学家们称之为"开学综合征"。"开学综合征"有多种表现形式，在生理上多表现为失眠、嗜睡、查无原因的头晕、恶心、腹痛、小便失禁、疲倦、食欲不振等；在心理上则多表现为记忆力减退、理解力下降、厌学、焦虑、上课走神、情绪不稳定等。心理医生认为，这些表现是人潜意识中的心理防御机制将其不愿面对的、不认同的、被压抑的、不愉快的负面情绪转换成了持续一段时间的躯体症状。

2. 心理健康影响着道德品质的形成与发展

心理健康的人能够面对现实，对未来充满希望，在日常的学习、工作、生活中能够脚踏实地，不做不切实际的幻想；对社会上的不良现象，能正确认识并积极调节自己的行为反应。反之，如果心理不够健康甚至有一定的心理障碍，不但会影响我们对社会道德规则的认识，还容易受社会不良现象的影响，形成不良的价值判断标准和行为方式。比如，一些攀比、妒忌心理较强的同学，就容易排斥、中伤、挑衅在某些方面比自己强的同学，以显示自己的"存在"和"强大"；而一些自傲或自卑心理较强的同学，则容易远离集体、漠视他人、处事极端。极少数心理状态很不健康的人，甚至会无视道德规则，严重的还会走上犯罪道路。

3. 心理健康能积极提升学习、工作、生活的质量和效率

古希腊哲学家赫拉克里特说："如果没有心灵的健全，智慧就难以表现，文化无从施展，力量不能战斗，财富变成废物，知识也无法利用。"健康是人生第一财富。对我们青少年学生来说，心理健康就更是学业成就、事业成功、生活快乐的基础。

心理健康的人，对事物都会有敏锐的观察、判断能力，能客观地做出正确选择，并付

诸行动；对经历过的事物，有良好的记忆，能不断扩大和积累经验；能掌握事物的本质，并在科学认识的基础上，形成对事物和工作积极的态度和丰富、深厚的情感，从而在学习、工作和生活中取得事半功倍的效果。一些人虽身患疾病或身体有缺陷，但他们的心理是健康的，因此能坦然接受命运的挑战，甚至能取得常人难以企及的成就。

资料卡片

很小的时候，她也像别的孩子一样，拥有许多美好的梦想。其中，最大的梦想就是去上学读书，但是，生活却剥夺了她走进校门的机会。

在她 5 岁时，她因患脊髓血管瘤而高位截瘫，变成了一个残疾儿童。在残酷的命运挑战面前，她没有沮丧和沉沦，而是以顽强的毅力和进取心与疾病做着斗争。

她，就是张海迪。虽然没有机会走进校门，她却能发奋学习，学完小学、中学的全部课程，自学英语、日语、德语等多国语言，并攻读了大学和硕士研究生的课程。后来，她又开始从事文学创作，先后翻译了《海边诊所》等英文作品，创作了《向天空敞开的窗口》《生命的追问》《轮椅上的梦》等作品。

2019 年 1 月，张海迪被评为 2018 年度十大女性新闻人物。2019 年 9 月，她被授予最美奋斗者荣誉称号。

在命运的磨难面前，展露脆弱还是坚强，张海迪给了我们答案。在病痛的折磨中，她从来没有失去过希望，做到了连许多正常人都无法做到的事情。人之所以强，首先是相信自己强。那些拥有强大的内心并努力奋斗的人，没有什么可以阻止他前进，即使身处绝境，同样坦然面对，矢志前行。

4. 心理健康程度制约着人际关系的和谐程度

《荀子·富国》说："人之生不能无群。"我们每一个人都是作为社会的一员而存在的，不可能没有人际交往。人在交往过程中，必须相互协作，相互支持，相互关照，这就需要和谐的人际关系。心理健康的人，往往都能获得令人满意的人际关系；而心理问题较多的人的人际关系就不会那么和谐，矛盾也就不可避免，有时甚至难以调和。

我国心理学学者易法建等，就高中阶段学生"人际排斥"因素对 853 名高中生做了调查，结果发现，导致人际排斥的主要原因依次是：性格不好，兴趣、想法不同，道德品质差，自傲、不合群。黄希庭等学者在专门研究了所谓"嫌弃型"学生后，也得出了类似的结论。表1—1是一个55人的班级对“嫌弃型”学生人格品质的评价表，百分比显示了这些品质令人讨厌的程度。

表1—1　　“嫌弃型”学生人格品质评价表

序号	令人讨厌的人格品质	提到人数（人）	百分比（%）
1	以自我为中心，只关心自己，不为他人着想，嫉妒心极强	55	100
2	敷衍了事，缺乏责任感，喜欢浮夸，不诚实	55	100
3	虚伪，固执，爱吹毛求疵	50	90.9
4	不尊重他人，操纵欲和支配欲强	45	81.8
5	对人淡漠，孤僻，不合群	45	81.8
6	有敌对、猜疑、报复的倾向	43	78.2
7	行为古怪，喜怒无常，粗鲁，粗暴，神经质	39	70.9
8	狂妄自大，自命不凡	38	69.1
9	不肯帮助他人，轻视他人	35	63.6
10	自我期望很高，对人际关系过分敏感	30	54.5
11	势利眼，巴结领导、老师、班干部	30	54.5
12	学习不上进，不遵守纪律	24	43.6
13	兴趣贫乏、小气	18	32.7

以上所列举的一系列人格品质，绝大多数是由于心理问题导致的。由此可知，心理健康与人际关系有着不可分割、千丝万缕的天然联系。我们可以对照上表做一个自我评估，努力远离表内所列的不良人格品质，争做一个被人接受和喜欢的人。

第二节　做心理健康人

海伦·凯勒有一句名言：“我的身体虽然不自由，但我的心是自由的，就让我的心超脱我的躯体走向人群，沉浸在喜悦中，追求美好的人生吧！”人生是美好的，但美好的人生不会从天上掉下来，也不会因为上天的特别眷顾而恩赐于我们。和海伦·凯勒比，我们拥有更健康的身体，但未必拥有她那样健康而坚强的心灵。就像平日我们的身体会感冒发烧一样，我们的心灵也会时常出现各种各样的问题。当我们认识到心灵是美好的眼睛、幸福的阶梯、快乐的源泉时，让我们行动起来，做一个让心灵充满阳光的人吧。

一、影响心理健康的因素

影响我们心理健康的因素有很多，有些是可以预知和预防的，但有些则不然。我们可以从内在因素和外在因素两个方面来了解，从而获得相应的预防和改善方法。

1. 内在因素

内在因素是一个人自身所具有的一种内在的、主观的因素，主要包括生物遗传因素和心理活动因素。

（1）生物遗传因素。生物遗传因素的影响主要有遗传因素、病菌或病毒感染、脑外伤或化学中毒，以及严重躯体疾病或生理机能障碍等。

1）遗传因素。人的心理活动是不能遗传的。但是，一个人作为身心兼备的整体，与遗传的关系又是十分密切的，特别是一个人的躯体、气质、智力、神经过程的特点等，受遗传的影响更为明显。现代医学研究表明，精神病患者家族中，患精神心理行为异常的人占相当大的比例，这提示遗传的倾向明确。

2）病菌或病毒感染。中枢神经系统的传染病，如斑疹伤寒、流行性脑炎等，通过病菌、病毒损害神经组织结构而导致器质性心理障碍或精神失常，可以阻碍心理的发展，造成心智发展的障碍。

3）脑外伤或化学中毒。由于种种原因造成的脑震荡、脑挫伤等都可以导致意识障碍、遗忘症、人格改变等心理问题或心理疾病。有害化学物质侵入人体，将损害中枢神经系统，并能导致心理障碍或精神失常。

4）严重躯体疾病或生理机能障碍。这方面的影响也是造成心理障碍或精神失常的原因之一。例如，一个人的甲状腺机能混乱或亢奋，往往会出现敏感、暴躁、易怒、情绪冲动、自制力减弱等心理异常表现；5－羟色胺（5－HT）等多种神经递质的产生或功能障碍导致情绪障碍。生理有残疾的人，往往更容易产生自卑、焦虑、恐惧、强迫、自闭等严重的心理问题。

资料卡片

都市情感电视连续剧《欢乐颂》中的女主角安迪是一个毕业于名校的高智商、高才干的大企业高级管理人员。但她却严重缺乏安全感，性格孤僻、冷峻、不爱说话，拒绝与人有肢体接触，甚至对挚爱的人也始终保持距离，不敢恋爱……。用她自己的话说，她是一个严重的心理障碍患者。而这，均源自她的身世。

安迪从小被父母遗弃，又被送到国外，被迫与弟弟分离。31 岁那年，安迪从国外回来寻找“唯一的亲人”——弟弟，并住进了欢乐颂小区。安迪的母亲和外婆均有精神病。安迪知道直系亲属精神病的遗传率高达 46.7%，加上弟弟是一个智障者，她明白自己很有可能“在没有任何先兆的情况下”随时发病。因此，她每天生活在害怕自己发疯的高压之下……

随着剧情的发展，安迪在苦苦追求她的恋人的帮助下，终于了解到弟弟和自己并无血缘关系，自己的生父是一个精神完全正常的知名经济学家，自己被遗传精神病的概率几乎为零。在恋人和同住欢乐颂姐妹般邻居的友爱中，安迪的心理问题被逐一化解，最终收获了圆满的爱情和美好的生活。

电视剧的剧情虽然是虚构的，但剧中安迪的心理问题具有较强的典型性以及客观科学的依据——生物遗传因素确实能够诱发心理问题、心理障碍甚至精神疾病。

（2）心理活动因素。心理活动即心理状态。一个人的心理状态一旦形成，就会影响以后的心理发展和变化。心理活动因素主要包括认知因素、情绪因素和人格因素等。

1）认知因素。认知指人对客观事物的认识活动。认知的过程就是对各种信息的获得、储存、转换、提取和使用的过程。比如我们学习某门理工类课程，首先要弄懂一些基本的概念、公式、原理，并把它们记在脑子里，等我们做习题时，需要通过从大脑仓库中选择相应的知识来解题。因此，认知的因素主要有感知、注意、记忆、想象、思维、言语及执行功能等。

我们每个人都具有各种认知的因素。这些认知因素的发展和相互间的关系可能是协调的，也可能是不协调的。一旦某一认知因素发展不正常或某几种认知因素之间的关系失调，就会导致心理矛盾和冲突。这会使人感到紧张、烦躁和焦虑，如果这种状况长时间不能得到改善和消除，则可能造成较为严重的心理偏差或心理障碍。例如，有的同学由于没有掌握好某门课程的基础知识，使该课程的深入学习受到影响，在多次努力却失败后，就容易产生厌学心理，甚至最终放弃学习。

2）情绪因素。人的情绪体验是一个人机体生存和社会适应的内在动力，是维持身心健康的重要因素。一般地讲，稳定而积极的情绪状态使人心境愉快、安定，精力充沛、应激适度，身体舒适、有力；相反，经常波动而消极的情绪状态则往往使人心境压抑、焦虑，精神涣散、失控，身体衰弱、无力。

3）人格因素。人格因素包括性格、气质、能力等。人格因素是心理活动的核心，它对一个人的心理健康影响最大。例如，同样一种生活挫折，对不同人格的人，影响程度完全不同。有的人可能无法承受或消极应付，从此自暴自弃；有的人则接受现实，正视挫折，加倍努力，奋发图强。研究表明，一些特殊的人格特征往往是导致心理疾病的基础。例如，谨小慎微、求全求美、优柔寡断、敏感多疑、心胸狭窄、苛求自己等强迫性人格特征，很容易导致强迫性神经症；易受暗示、耽于幻想、情绪多变、容易激怒、自我中心、自我表现等特殊人格特征，很容易导致癔症；某些人格缺陷严重的人，不但会因为一些内外因素的刺激而产生心理障碍，有时甚至会使身体健康受到危害。

资料卡片

周瑜是三国时期东吴水军大都督，少年得志，英气逼人，在赤壁之战中大败曹操，立下了不朽功绩，但在和诸葛亮的数次交锋中，他却屡遭失败。本来他想一举占据战略要地荆州，不想被诸葛亮抢了先，强攻又没有得手，而且自己还中了箭。他不甘心，几次追要荆州无功而返，情急之下想到了美人计，结果却是“赔了夫人又折兵”。当他再次想“假道伐蜀”灭刘备时，还是没有逃过诸葛亮的眼睛。最后，当他读着诸葛亮充满讥讽的来信时，终于怒气填胸，以致箭伤复发，坠于马下。气量狭隘的周瑜，三十六岁便命归黄泉。临死前，他发出了“既生瑜，何生亮”的病态哀叹。

2. 外在因素

外在因素是直接引起心理问题的外在的、客观的因素，主要包括家庭因素、学校因素、社会因素，以及其他因素。

（1）家庭因素。对处于青春期的我们来说，身心健康受家庭的影响很大。不良家庭环境因素容易造成家庭成员的心理行为异常。这些因素主要有：家庭主要成员不全，如父母去世、父母离异或分居、父母再婚等；家庭关系紧张，如父母关系、父母子女关系、兄弟姐妹关系不和谐，使家庭氛围冷漠、矛盾冲突频繁等；家庭教育方式不当，如专制粗暴、强迫压服，或溺爱娇惯、放任自流等；以及家庭变迁，出现意外事件等。

（2）学校因素。学校是学习、生活的主要场所，因此学校生活对我们的身心健康影响极大。学校因素主要有学校的教育环境、学习环境、生活环境，以及师生关系、同伴关系等。这些环境因素，如果处理不当，就会影响我们的身心健康发展。例如，常见的学习负担过重、教育方法不当、师生情感对立、同学关系不和等问题，都会造成心情压抑、精神紧张，如果调适不及时，就容易造成心理失调甚至心理障碍。

（3）社会因素。社会因素主要包括政治、经济、文化教育、社会关系等。这些因素对一个人的生存和发展起着决定作用。其中，社会生活中的种种不健康的思想、情感和行为，会严重毒害广大青年学生的心灵。社会生活矛盾、冲突、竞争等现实也会加重我们内心的矛盾冲突，从而影响身心健康。

（4）其他因素

1）单调、重复的工作和学习活动。长期从事某项单调、重复的工作，学习某些单调乏味的材料，容易产生乏味心理，从而失去对工作、学习内容的兴趣，甚至还会出现厌恶感。

2）工作、学习的环境和条件的变化。人们在熟悉的环境中工作、学习，往往会应付自如，性情开朗，工作、学习的效率高。但是，一旦工作、学习环境发生比较剧烈的变化，少数人就会出现某种不适应感。心理反应主要表现为在新的环境中与新的同伴相处困难，并且不能很快调整自己，从而降低了工作、学习效率，这会加剧这种不良心理反应，造成恶性循环。

3）人际关系紧张。有的人缺乏较好地处理人际关系的能力，人际关系紧张，导致常常产生愤怒、不安、忧虑、失望等不良情绪。

4）突发生活事件。突患重病或其他无法预知的突发性生活事件会给人造成心理上的创伤。

5）长期应激。工作、学习等活动导致人的精神长期处于高度紧张状态，并且得不到松弛。比如考试前夕的紧张复习，容易引起生理机能和心理功能平衡的失调。

了解以上关于影响人的心理健康的内外因素，使我们更加清楚地注意到影响自己的各种不利因素的存在，并能够及时排除或减弱它们对自己的负面影响，从而更好地维护自己的心理健康。

课堂活动

联合国儿童基金会和世界卫生组织 2019 年 11 月 5 日联合发布的数据显示，目前全球大约每 5 个青少年中就有 1 人遭受心理健康问题的困扰。

目前全球 12 亿 10～19 岁的青少年群体中，约 20%存在心理健康问题，在他们遭受的疾病和伤害中，约 16%由心理健康问题引发。在中低收入国家，10～19 岁青少年群体中约 15%曾有过自杀念头。在 15～19 岁的青少年群体中，自杀已经成为第二大死亡原因。

数据显示，半数左右的心理问题出现在 14 岁以前，这意味着人们迫切需要创新的方法，尽早对青少年可能存在的心理健康问题进行预防、诊断以及必要的治疗。但实际上，现在很少有孩子能够接受关于管理负面情绪的正确指导，也很少有受心理健康问题困扰的孩子能够得到他们需要的帮助，这种现状必须改变。

我国国家卫健委发布的数据显示，在 17 岁以下儿童和青少年中，至少有 3 000 万人受到不良情绪和行为的困扰。每年接受精神心理疾病治疗的人群中，青少年约占 1/4。《中华流行病学杂志》调查数据显示，9～18 岁青少年抑郁症状的检出率约为 14.81%。①

要树立正确的心理健康意识，经常自查我们的心理健康状况。如果你出现明显而持续的情绪异常，比如情绪低落、易怒等，同时伴随成绩下滑或睡眠等问题，请寻求心理老师或专业机构的帮助。

二、心理问题、心理障碍和心理疾病

心理问题、心理障碍和心理疾病都是相对心理健康而言的。依据程度的不同，分为上述三个等级。

我们可以从以下三个方面感觉心理健康状态：第一，自己不觉得痛苦。在一个时间段中（如一周、一月、一季或一年）快乐的感觉大于痛苦的感觉。第二，自己不感觉到异常。自己的心理活动和行为与周围环境相协调，没有与周围环境格格不入的现象。第三，自己

① 抑郁症状不等于抑郁症。抑郁症状意味着很多学生存在低自尊、负面情绪、无法感知到快乐等问题，而确诊抑郁症往往需要更加严格的医学诊断。

的社会功能良好。能胜任自己的工作、学习，能在现实社会环境下充分发挥自身能力，利用现有条件（或创造条件）实现自我价值。

1. 心理问题

心理出现问题是在正常人中常见的一种心理亚健康状态，也就是心理“感冒”。心理问题通常由个人心理素质（如过于好胜、孤僻、敏感等）、生活事件（如工作、学习压力大，被批评、婚恋挫折等）、身体不良状况（如长时间劳累、身体疾病）等因素所引起。它的特点有：

（1）时间短暂。一般在一两周以内能得到缓解。

（2）损害轻微。处于此类状态的人一般都能完成日常工作、学习和生活，只是感觉到的愉快感小于痛苦感。“很累”“没劲”“不高兴”“应付”是他们常说的词汇。

（3）能自己调整。大部分人通过自我调整，如休息、聊天、运动、钓鱼、旅游、娱乐等放松方式能使自己的心理状态得到改善。小部分人的这种状态如果长时间得不到缓解则可能发展为心理障碍。

资料卡片

迈克尔·法拉第（1791—1867 年），世界著名的自学成才的科学家，发电机和电动机的发明者，被称为“电学之父”。

法拉第出生于英国一个贫寒的铁匠之家，只读到了小学二年级便独自谋生。他先当报童，后在一个书店当学徒，这让他有了如饥似渴学习的机会。

那是一个鄙视穷人的年代，但法拉第绝不屈服于自己的命运。这个铁匠的儿子，从小爱看父亲抡着大锤，一下又一下地锻打烧红的铁块，铁块变冷变硬后，再回炉烧红。经过千锤百炼，铁块终于按照人的意志变成各种工具、器物。父亲曾自豪地对他说，铁匠面前永远没有顽铁。这句话成为法拉第一生的精神支柱。

然而，就是这样一个意志极其顽强的人，由于工作过于紧张，以致一段时间内身体虚弱、精神萎靡，药物治疗收效甚微。直到有一天，他求助于伦敦的一位名医，得到了这样一个处方："一个小丑，胜过一打医生。"

法拉第仔细玩味了这句话，终于悟出了其中的道理。从此以后，他经常抽空去看滑稽剧和喜剧，高兴地大笑一通。很快，他就恢复了健康，而且精力更加充沛，取得了一个又一个研究成果。

法拉第的身体不适就是比较典型的心理"感冒"，之所以能够很快康复，与其说是医生的高明，不如说是其能够找到病源所在，善于自我调理。

2. 心理障碍

心理障碍是因为本人及外界因素造成心理状态的某方面（或几方面）发展的超前、停滞、延迟、退缩或偏离。它的特点有：

（1）不协调性。其心理活动的外在表现与其生理年龄不相称或反应方式与常人不同。例如，成年人表现出幼稚状态（停滞、延迟、退缩），即"老不更事"；青少年出现理性的成人行为（不合理的超前发展），即"少年老成"；对外界刺激的反应方式异常（偏离），如"一反常态""呆若木鸡"等。

（2）针对性。处于此类状态的人往往对障碍对象有强烈的心理反应（包括思维及动作行为），而对非障碍对象可能表现很正常。比如电视剧《欢乐颂》中的安迪，只要有人（无论谁），也无论有意或无意，一提起她的身世或相关话题，就立刻因感到紧张、排斥他人而不能自已。

（3）损害社会功能。当事人不能按常人的标准完成某项（或某几项）社会性活动，如社交恐惧者不能完成社交活动，性心理障碍者难以与异性正常交往。

（4）需求助于心理医生。大部分这类人不能通过自我调整和非专业人员的帮助而解决问题。心理医生的干预是必需的。

资料卡片

20 世纪 90 年代，电视连续剧《渴望》曾经轰动全国。剧中的王亚茹几乎是观众一致公认的"最没人情味"的人。她自负清高、傲慢不逊，与身边无论男女老少的熟人都格格不入；对自己的父母及唯一的弟弟，也常常怒目以对；对待恋人罗冈更是冷若冰霜、不近情理。她我行我素、随心所欲，说话办事全凭个人意愿及激情冲动，根本不考虑旁人的喜怒哀乐，不考虑社会影响，这几乎使她到了人见人厌的地步。王亚茹的这些行为表现出的就是一种典型的偏执型人格障碍。

偏执型人格障碍通常开始于童年期或青少年期，并长期持续发展至成年或终生。患者通常自己不自知，而且有拒绝治疗的心理倾向。

偏执型人格障碍的特征主要有（符合其中 3 项即可）：

（1）对挫折和遭遇过度敏感；

（2）对侮辱和伤害不能宽容，长期耿耿于怀；

（3）多疑，容易将别人的中性或友好行为误解为敌意或轻视；

（4）明显超过实际情况所需的好斗，对个人“权利”执意追求；

（5）容易非理性嫉妒，过分怀疑恋人或配偶不忠，但不是妄想；

（6）过分自负或自卑，有自我中心倾向，总感觉受压制、被伤害，总想着要为自己找回“公道”，甚至不达目的不肯罢休；

（7）具有将其周围或外界事件解释为“阴谋”的倾向，因此对环境和他人过分警惕或抱有敌意。

3. 心理疾病

心理疾病是由于个人及外界因素引起个体强烈的心理反应（思维、情感、动作行为、意志）并伴有明显的躯体不适感，是大脑功能失调的外在表现。其特点有以下方面：

（1）强烈的心理反应。患者可出现思维判断上的失误，思维敏捷性下降，记忆力下降，头脑有黏滞感、空白感，有强烈的自卑感及痛苦感，精力不济、情绪低落、紧张焦虑、行为失常（如重复动作、动作减少、退缩行为等）、意志减退。

（2）明显的躯体不适。中枢控制系统功能失调可引起所控制的人体各个系统功能失调：食欲不振、腹部胀满、便秘或腹泻、心慌、胸闷、头晕、躯体平衡能力降低（如走路不稳）等。

（3）损害社会功能或自觉痛苦无法摆脱。患者不能或勉强完成其社会活动，缺乏轻松、愉快的体验，痛苦感极为强烈，“哪里都不舒服”“活着不如死了好”往往是他们真实的内心体验。

（4）需要心理治疗。患者一般不能通过自身调整和非专业医生的治疗而康复。心理医生对此类患者的治疗一般采用心理治疗和药物治疗相结合的综合治疗手段。在治疗早期通过情绪调节药物快速调整情绪，中后期结合心理治疗解除心理障碍，并通过心理训练达到社会功能的恢复，提高其心理健康水平。

资料卡片

人类发明了无数种形形色色的方式来逃避痛苦，弗洛伊德将这些方式称为心理防御机制。太痛苦的时候，这些防御机制是必要的，但糟糕的是，如果心理防御机制对事实扭曲得太厉害，它会带出更多的心理问题，譬如强迫症、社交焦虑症、多重人格，甚至精神分裂症等。

真正抵达健康的方法只有一个：直面痛苦。直面痛苦的人会从痛苦中得到许多意想不到的收获，它们最终会变成当事人的生命财富。心理学家罗杰斯曾是最孤独的人，但当他面对这个事实并化解后，他成了人际关系大师；心理学家弗兰克有一个暴虐而酗酒的继父和一个糟糕的母亲，当他接受这个事实并最终从心中原谅了父母后，他成了治疗这方面问题的专家；心理学家森田正马曾是严重的神经症患者，但他通过挑战这个事实并最终发明出了森田疗法……。他们生命中最痛苦的事实最后都变成了他们最重要的财富。

一个重要的心理规律是，无论多么痛苦的事情，即使你刻意逃避，它总归是在那里。你只有去勇敢地面对它、化解它、超越它，最后才有可能和它达成和解。如果你自己暂时缺乏力量，你可以寻找帮助，寻找亲友的帮助，或寻找专业的帮助。这个过程的确辛苦，但能从被动变为主动，就是一件了不起的事情了。因为只有全然地看见它，深入地觉察它，最后才能温柔地疗愈它。

三、心理健康维护与心理咨询

了解一定的心理健康知识对我们积极健康地学习、生活、成长是十分重要的。同时，将心理健康知识付诸行动更为重要。

1. 心理健康维护

（1）健康的生活方式。生活方式是指人们在日常生活中所遵循的行为规范，即习惯化了的生活活动形式。古罗马的谚语“健康的精神寓于健康的体魄”阐释了心理健康与身体健康的关系。健康的体魄得益于健康的生活方式，并给心理健康提供良好的基础。健康的生活方式包括：起居有常，早睡早起，保持充足的睡眠；一日三餐，膳食营养平衡，每天坚持吃早餐；控制体重，让体重指数保持在正常水平；坚持适量运动，在喜欢的运动项目中感受锻炼带来的愉悦。

（2）讲究精神卫生。一是要注意用脑卫生。主要指劳逸结合，有张有弛，避免大脑过度疲劳，特别要保证每天都有充足的睡眠，以使劳累一天的大脑有一个及时而有效的恢复过程。二是要避免或减少心理失调状况的发生。一旦有问题应及时寻求心理咨询师、心理医生或精神科医生的帮助，以便尽快消除可能发生的心理失调或精神疾患。

资料卡片

世界卫生组织 1992 年做出决议，确定每年的 10 月 10 日为“世界精神卫生日”。这一天，世界各国开展丰富而有针对性的活动，包括心理卫生知识宣传、播放促进精神健康的专题纪录片、开设 24 小时心理支持热线、组织专业机构进行公益性心理咨询等。

2000 年，我国首次组织“世界精神卫生日”活动，主题为“健康体魄＋健康心理＝美好人生”。此后，每年的 10 月 10 日都确定一个主题，开展各种形式的全民心理健康教育活动。2016 年的主题是“心理健康，社会和谐”，2017 年的主题是“共享健康资源，共建和谐家庭”，2018 年的主题是“健康心理，快乐人生”，2019 年的主题是“心理健康社会和谐·我行动——进校园，进家庭，进社区”，2020 年的主题是“弘扬抗疫精神，护佑心理健康”。

（3）增强情绪的自我调控能力，及时排除各种不良情绪。每个人都会有不良情绪的产生，没有例外。但不良情绪具有两面性，一面是有利于我们为适应环境的刺激而斗争，提升我们的心理适应能力；另一面是不良情绪常以强烈的激情状态或持久的恶劣心境出现，容易导致我们的意识模糊、精神颓丧、意志消沉，以及观察力和判断力下降，意志行为受到扰乱。

（4）培养健全的人格。人总是按照既有的人格来观察外界事物，思考问题，产生相应的态度和情绪体验，同时对外界环境刺激采取一定的对应策略及行为反应。健全的人格有助于人们正确地评价客观事物，采取恰当的态度，体验正常的情绪，做出合理的行为反应，有效地适应社会生活环境。

（5）积极参加社会活动，扩大人际交往的范围。与人和谐地交往可以得到更多的社会支持，满足我们的归属感和安全感。当遇到困难时，良好的人际关系可以增强我们的信心和力量，从而最大限度地减少心理危机发生的可能。

课堂活动

因新冠肺炎疫情造成的特殊“长假”，使“云开学”和“居家学习”替代了以往的上学模式。青少年在开启“宅”家学习模式的同时，可能会出现焦虑、无助、不安、悲伤、认知偏差、躯体不适等表现。那么，应该怎样做才能提高“心理疾患免疫力”呢？

（1）自我觉察。觉察一下，发生了什么，自己都有什么变化，以及对自己有什么影响，静下心来进行自我觉察有助于缓解焦虑。

（2）接纳变化。理解并接纳情绪和身体的变化，这是应对危机的正常反应，保持不剧烈的反应在可控范围内，这是克服不良情绪的开始。

（3）保持能量。一是保持体能，尽量维持原有生活方式和习惯，注意卫生、作息、饮食，这有助于稳定和提升自身免疫力；二是保持正能量，多听多看抗疫感人、正气的故事，做力所能及的事情，如少出门、戴口罩、勤洗手，合理安排学习时间，找回对生活的掌控感。

（4）合理宣泄。适当运动，增强体质和免疫力；与人交谈、写信、写日记倾诉等；听喜欢的音乐，看新闻及娱乐节目，了解新鲜事，放松心情；玩一会儿游戏，动手做点工艺，转移注意力，释放负能量。

（5）相互陪伴。多和家人沟通，表达自己的感受；多与老师、同学、朋友互相交流，获得鼓励和支持，找到信心和勇气。

2. 心理咨询

（1）心理咨询的含义。心理咨询是指具有资质的专业人员运用心理学的原理和方法，给咨询者以启发、指导和帮助的过程。心理咨询可以帮助自感有心理问题的人在认知、情感、行为模式上有所变化，解决其在学习、工作、生活等方面出现的心理问题，使其更好地适应环境，改善、保持、提高其心理健康水平。心理咨询可以分为以下两大类型：

1）发展心理咨询。在个人成长的各个阶段，比如为了适应新的环境，为了承受工作压力，为了克服性格弱点等所进行的咨询。

2）健康心理咨询。一个精神正常的人，因挫折或其他刺激而产生焦虑、紧张、恐惧、抑郁等情绪问题时所进行的咨询。

（2）正确认识心理咨询。现实生活中，常出现这样的情景：当我们迫切需要找一个人倾诉心中的烦恼、不快时，举目四望，思前想后，竟找不到一个合适的对象。或者自己认为没有知心的朋友，或者不愿让别人哪怕是最亲近的人知道自己内心的隐痛，或者不想让父母徒增担忧……

但我们的困惑、忧虑、恐惧、孤独、压抑、失望、悲伤……迫切需要诉说，需要宣泄，需要安抚，需要指导，需要帮助。这种情况下，专业的心理咨询师或心理咨询热线就是我们最好的选择。

资料卡片

在许多国家和地区，心理咨询已成为人们生活的一个重要内容。每当人们心里不舒服、自己难以排解的时候，都要去看心理医生。一些发达国家早就开设了心理咨询电话或心理危机求救电话，为无数生活在心理阴影中的人们点燃了希望的火花，挽救了许多精神濒临崩溃的人。

美国在20世纪20年代诞生了心理咨询服务业，现在平均500个人就有一名专职的心理医生。当人们觉得有必要看心理医生时，只要电话预约、按时赴约就行。例如，一位已婚女白领收入稳定，家庭和睦，只是丈夫常年在外面发展事业，自己总有种孤独感。心理医生为她制订了一个长达8周的“心理理疗计划”。8周后，虽然她没觉得自己因此有什么变化，但每周去看心理医生却成了生活的一部分。半年后，那种孤独的感觉不知不觉就消失了。

除了看心理医生，沟通也是极其重要的。当我们遇到“不平之事”时，要大胆说出来。其实，许多心理矛盾都是在“说”的过程中化解的，即使暂时化解不了，这种沟通的过程对排解负面情绪也是极其有利的。

心理咨询在我国也有了长足的发展，但人们对心理咨询的认识还存在许多偏差和误区。

1）只有心理异常或有心理疾病的人才进行心理咨询。其实，心理咨询关注的大多数是有小问题的正常人，甚至自认为心理很健康的正常人都可以去咨询。

2）只有弱者才进行心理咨询。其实，在竞争激烈的社会生活中，每个人总会在某些时候、某些方面遭遇某种困惑，哪怕是学习成绩名列前茅也可能会引发某种烦恼。我们需要倾诉、宣泄、排解，这与我们是否“强大”没有关系。

3）心理咨询“无用论”。这种观点认为，心理咨询只不过是与人聊天，况且聊的内容、道理谁都明白，谁都会讲，只是事情放在自己身上就不知该怎么办了。咨询几次后没有明显效果，就认为心理咨询也就那么回事，解决不了什么问题，所以心理咨询没什么用处。

4）心理咨询“万能论”。把心理咨询“神秘化”，认为无论什么事都可以通过咨询得到解决，希望从咨询师那里得到“灵丹妙药”，并且“药到病除”，自己却不愿付出更多的努力。

心理咨询既不是“无用的”，也不是“万能的”。心理咨询的本质是心理咨询师“助人自助”，只有双方相互信任、配合默契，才能够达到心理咨询师和咨询者共同的预期。

资料卡片

心理咨询师的工作宗旨：启发引导咨询者自己去探索解决自身问题的方法，支持鼓励咨询者自我实施解决问题的方案，并由此获得心理成长。这种启发、引导主要表现为下列几个方面：

(1) 认识自己的内部、外部世界，认识、领悟、解决内部冲突，矫正错误认识。

(2) 学会接纳现实，增加心理自由度。

(3) 构建新的行为模式。

(4) 掌握心理学的知识与技巧，塑造良好的个性特征。

心理咨询过程中，来自心理咨询师的支持鼓励非常重要，这种重要性主要表现在以下方面：

(1) 咨询者往往已经体验到了自身种种问题所带来的困扰与痛苦，但可能缺乏改变自我的信心，此时心理咨询师的专业性支持和鼓励可以大大提高其改变自我的信心和决心。

(2) 支持和鼓励本身就是心理咨询师助人的过程，也是专业助人技术技巧的具体展现。通过支持和鼓励，咨询者向着咨询目标不断探索、实践，并最终实现咨询目标。

(3) 通过咨询师的专业性支持和鼓励，咨询者能够敢于面对困难、解决困难，克服阻碍咨询顺利进行的种种不利因素，使咨询得以顺利进行。

(3) 心理咨询的方法。如果要去心理咨询，可先问自己两个问题：冷静分析一下，对自己目前的处境满意吗？自己愿意付出一定的代价，尽力在某些方面、在一定程度上改变自己吗？

如果我们的回答是肯定的，我们才会有强烈的、主动寻求心理咨询师帮助的愿望，才能在心理咨询中，积极主动地敞开心扉，倾吐心声，提供真实情况，和心理咨询师一起谈心、讨论、分析，认清问题的本源，寻找解决问题的方案，并按照心理咨询师的建议和要求去落实这个方案。

需要注意的是，心理咨询是一个过程，它需要心理咨询师运用心理学的原理、方法和技术，按照一定的步骤对咨询者进行引导和帮助。咨询者不能对咨询效果急于求成。

有时候心理咨询的效果不好，或者根本没有效果，其可能的原因主要有两个：一是咨询者没有按照心理咨询师的要求去做；二是咨询关系不匹配——心理咨询师都有自己的特长，如果咨询的内容不是该心理咨询师所擅长的，咨询效果就不会明显，这时应终止咨询，寻找更为合适、匹配的心理咨询师。

心理咨询过程中，咨询者尽可畅所欲言，因为为咨询者“保密”是心理咨询师必须遵守的职业规范，除非心理咨询师事先说明“保密例外”事项，并获得咨询者的同意。

心理咨询的主要形式是心理咨询师与咨询者面对面咨询，这种形式的特点是私密性最强，互动性最好，效果最佳。当然，我们也可以选择网络视频咨询、信函咨询、电话咨询，虽然使用便利，但交流的信息有限，互动性差，效果相对较弱。对此，咨询者应根据自己的情况和需要进行选择。

四、敬畏生命，热爱生活

1. 对生活的热爱

这个世界丰富多彩。生活有什么呢？有探究生命起源的科学，有改变人类生活的各种发明，有伟大的思想巨著，有令人陶醉的音乐，有旖旎动人的自然风光……。生活中有很多的神奇与美好。生活还有什么呢？有琐碎的家长里短，有突如其来的意外，有难以自抑的欲望，有失去至亲的痛苦……。生活中交织着希望和失望，幸运与挫折，快乐和悲伤，求索与艰辛。

有的人在生活中获取力量和尊严，也有人在生活中迷失自己甚至放弃自我。我们怎样对待生活，生活就怎样对待我们。

资料卡片

《小王子》中有一个有名的寓言故事：

小王子有一个小小的星球，星球上忽然绽放了一朵娇艳的玫瑰花。以前，这个星球上只有一些无名的小花，小王子从来没有见过这么美丽的花，他爱上这朵玫瑰，细心地呵护她。

那一段日子，他以为，这是一朵人世间唯一的花，只有他的星球上才有，其他的地方都不存在。

然而，当他来到地球上，发现仅仅一个花园里就有5 000朵完全一样的这种花。这时，他才知道，他有的只是一朵普通的花。

一开始，这个发现让小王子非常伤心。但最后，小王子明白，尽管世界上有无数朵玫瑰花，但在他星球上的那朵，仍然是独一无二的。因为那朵玫瑰花，他浇灌过，给她罩过花罩，用屏风保护过，除过她身上的毛虫，还倾听过她的怨艾和自诩……。她是他独一无二的玫瑰。

“正因为你为你的玫瑰花费了时间，这才使你的玫瑰变得如此重要。”一只被小王子驯服的狐狸对他说。

只有倾注了热爱的事物才显得更有意义。生活的美，正在于我们的投入程度。当你全心全意去投入，自然而然地去感受后，你和这个世界的关系就会变成人生的养料，让我们的生命变得更充盈、更美好。

2. 对生命的敬畏

我们对生命的敬畏，要以健康为基础（即健康的身体、健康的心理、健康的人格），要以情感为纽带（即珍惜、热爱、尊重生命），要以价值为导向，让我们认识生命的可贵，感悟生命的意义，走好人生的每一步，健康成长，和谐发展。

生命安全、生命成长、生命态度与情感、生命价值这四个方面是我们认识生命、感恩生命、敬畏生命和发展生命的系统内容。

（1）生命安全。对于每一个人来说，生命只有一次。我们对自己的身体安全和心理健康都负有责任。在日常生活中，我们对交通安全、财物安全、食品安全等关乎我们衣食住行的内容都应有基本的安全意识。在突发状况下，比如疾病、火灾、地震、人身受到侵犯等状况下，如何自救或将损失降为最低，安全技能的学习与训练至关重要。我们要保证生命的存在和安全，才能实现生命的价值与意义。

（2）生命成长。对生命的认识不仅在于对生命的保护，还在于生命的意义。我们的心灵与身体一样，也在迅速地吸收生活的给养，关乎学习、情绪、社交等方方面面的内容。我们在成长的过程中，不断建构自己的社会角色，遵守社会秩序，树立个人的道德价值观，增强生活的信心和社会责任感，理解生活的意义，形成积极的生命观，培养一种独立自主的思想意识，最终使自己能在各种不同的情况下做好自己应该做的事。

（3）生命的态度与情感。冰心说："假如生命是乏味的，我怕有来生；假如生命是有趣的，我今生已是满足了。"生活的颜色取决于我们对待它的态度。热爱生活，关爱生命，不仅是对自己生命的关怀、责任和尊重，还是对他人以及自然界一切生命的关怀、责任和尊重。我们发自内心对于生活的热情和感情，对于生命的尊重和敬畏，驱动着我们自我悦纳和与人为善，激发我们承担命运的勇气和关爱他人的温情。

资料卡片

心理学家曾做过"半杯水实验"。一个人面对半杯水说："我就剩下半杯水了。"另一个人则说："我还有半杯水呢！"

由此，我们很容易能够看出来，两人的心态正好相反。悲观者认为，"我就剩下半杯水了。"他对自己手上仅剩的半杯水感到悲哀，这种心态的人很容易沉浸于悲伤的事实或挫折失败，身陷黑暗而难以自拔，看不到希望，自然很难让自己感到快乐。而乐观者能够换个角度看待问题，他认为事情还没有那么糟糕，"我还有半杯水呢，而不是一点水都没有了。"当他这样想的时候，内心是轻松和愉悦的。拥有对生活充满热情的乐观者，他们的内心世界总是充满光明和希望的。

一个人的心态是积极的还是消极的，就决定了其内心世界是光明的还是灰暗的。

（4）生命价值。我们的生命有自然生命和精神生命，自然生命来自物质世界，精神生命来自人类历史文化的精神沉淀。在我们的生命过程中，感悟生活，学习成长，让我们经受文化的洗礼，获得精神的愉悦。我们挖掘生命的潜能，形成自己的精神世界和人生价值，这种内在的有意识的生命所驱动的力量，可以创造生命的精彩和奇迹。

资料卡片

史铁生，著名作家，1951 年生于北京，清华大学附中毕业后，于 1969 年插队延安，1972 年因病致瘫，转回北京，1971—1981 年在北京某街道工厂做工，后来主要从事文学创作。史铁生自称职业是生病，业余在写作。

他在其著名的散文《我与地坛》中曾有此感叹："地坛等待我出生，然后又等待我活到最狂妄的年龄上忽地残废了双腿。"这突如其来的变故对他来说是多么沉重的打击呀！于是一连几年，他在生和死的交叉口徘徊踯躅，什么人都不想理，只想就这样轻轻地来又轻轻地走。"记不清都在它的哪些角落里了，我一连几个小时专心致志地想关于死的事，也以同样的耐心和方式想过我为什么要出生"，"生命的开端最是玄妙，完全的无中生有。就好像是没影儿的忽然你就进入了一种情况，一种情况引出另一种情况，顺理成章，天衣无缝，一来二去便连接出一个现实世界"，"正如先哲所言——人是被抛到这个世界上来的"。最后他想通了："上天在交给我们出生这个事实的时候，已经顺便保证了它的结果，所以死不是一件急于求成的事，死是一个必然会降临的节日。这样想过之后我就安心多了，眼前的一切不再那么可怕。"而"余下来的事情，就是怎样活的问题了"。

史铁生淡然了生与死，而且还如此快乐地活着。他改变了自己的思想，最终改变了生命的价值。

2010 年 12 月 31 日凌晨 3 点 46 分，史铁生因突发脑出血在北京宣武医院经抢救无效去世。根据其生前遗愿，他的脊椎、大脑将捐给医学研究，他的肝脏将捐给需要的患者。

史铁生是当代中国最令人敬佩的作家之一。他的写作与他的生命完全连在了一起，在自己的"写作之夜"，史铁生用残缺的身体，说出了最为健全而丰满的思想。他体验到的是生命的苦难，表达出的却是存在的明朗和欢乐。他的《病隙碎笔》作为 2002 年度中国文学最为重要的收获，一如既往地思考着生与死、残缺与爱情、苦难与信仰、写作与艺术等重大问题，并解答了"我"如何在场、如何活出意义等这些普遍性的人生课题。当一些作家在消费主义时代里放弃面对人的基本状况时，史铁生却居住在自己的内心，仍旧苦苦追索人之为人的价值和光辉，仍旧坚定地向存在的荒凉地带进发，坚定地与未明事物做斗争，这种勇气和执着，深深地唤起了我们对自身所处境遇的警醒和关怀。

作家韩少功这样评价史铁生：他是一个生命的奇迹，在漫长的轮椅生涯里至强至尊，一座文学的高峰，其想象力和思辨力一再刷新当代精神的高度，一种千万人心痛的温暖，让人们在瞬息中触摸永恒，在微粒中进入广远，在艰难和痛苦中却打心眼里宽厚地微笑。

什么是生活？诚如米兰·昆德拉所说，“生活是一棵长满可能的树。”我们对待生活的态度，反映我们的人生价值取向。一个心智健康的人应该是富有生活情趣的，珍惜时间，敬畏生命，在生命的每一天里，积极向上，乐此不疲。

课堂活动

请在下面的横线上写下10项你认为的“生命中最重要的东西”。

①______________________________（　　）

②______________________________（　　）

③______________________________（　　）

④______________________________（　　）

⑤______________________________（　　）

⑥______________________________（　　）

⑦______________________________（　　）

⑧______________________________（　　）

⑨______________________________（　　）

⑩______________________________（　　）

(1) 假如我们不得不舍弃一些东西，请在括号里打上“×”，最终留下2～3项。注意你放弃的顺序。

(2) 为什么选择放弃这几项？按放弃顺序说说理由。

(3) 在逐一放弃的过程中你有什么感受？

(4) 讨论和总结：我们该如何对待生活？特别是在遇到无所适从、伤心难过、看不到希望的境遇时，我们该如何选择？

探究与体验

下面是世界卫生组织制定并公布的人体健康10条标准。请逐条认真对照自己的实际状态，选择合适的项，进行自我评价。

1. 精力充沛，能从容不迫地应付日常生活和工作的压力而不感到过分紧张和疲劳。（　　）

A. 符合　B. 比较符合　C. 勉强符合　D. 不太符合　E. 不符合

2. 处事乐观，态度积极，乐于承担责任，事无巨细不挑剔，工作有效率。（　　）

A. 符合　B. 比较符合　C. 勉强符合　D. 不太符合　E. 不符合

3. 善于休息，睡眠良好。（　　）

A. 符合　B. 比较符合　C. 勉强符合　D. 不太符合　E. 不符合

4. 应变能力强，能适应环境的各种变化。（　　）

A. 符合　B. 比较符合　C. 勉强符合　D. 不太符合　E. 不符合

5. 具有抗病能力，能够抵抗一般性感冒和传染病。（　　）

A. 符合　B. 比较符合　C. 勉强符合　D. 不太符合　E. 不符合

6. 体重得当，身材均匀，站立时头、肩、臂、臀位置协调。（　　）

A. 符合　B. 比较符合　C. 勉强符合　D. 不太符合　E. 不符合

7. 眼睛明亮，反应敏锐，眼睑不发炎。（　　）

A. 符合　B. 比较符合　C. 勉强符合　D. 不太符合　E. 不符合

8. 牙齿清洁，无缺损，无疼痛；牙龈颜色正常，不出血。（　　）

A. 符合　B. 比较符合　C. 勉强符合　D. 不太符合　E. 不符合

9. 头发有光泽，无头屑。（　　）

A. 符合　B. 比较符合　C. 勉强符合　D. 不太符合　E. 不符合

10. 肌肉、皮肤弹性足，走路轻松有力。（　　）

A. 符合　B. 比较符合　C. 勉强符合　D. 不太符合　E. 不符合

上述A、B、C、D、E选项，对应的分值分别为5、4、3、2、1。将自己所选各项分值相加，得分越高说明身心健康状态越好；反之，则说明身心健康状况欠佳。找出得分较低和最低的项，向专业人士请教，或者去医院做一次全面的体检（包括心理检测）。在专业人士的指导下，针对问题的根源，制订一份提升自己身心健康水平的日常保健计划并付诸实施。

第二章　了解真实自我

“我就是我，是颜色不一样的烟火。天空海阔，要做最坚强的泡沫。我喜欢我，让蔷薇开出一种结果。孤独的沙漠里，一样盛放的赤裸裸。”这首名为《我》的歌曲，唱出了在生活中每个人都是独一无二的，也唱出了每个人对想要扮演的角色以及人生的不同态度。

我们会经常这样思考：我是谁？我的性格是什么？我的兴趣是什么？我的优势是什么？我有什么样的发展空间和机会？我希望自己成为什么样的人？……这类问题让我们不断地认识、审视并且塑造自己。

关于认识自己这件事，越早开始越好。这样我们可以成为更好的自己，也可以更好地成就自己。

第一节　自我意识觉醒

刚出生的时候，我们都不知道有一个“我”的存在。在妈妈的乳汁和呵护中，我们飞速成长，到了1周岁左右，才开始有了“我”的意识——我要吃、要玩、要自己走路、要爸爸妈妈抱……。随着身体的发育和心理的发展，关于“我”的意识内容不断丰富，最终，关于“我”的意识终于破茧而出——这就是“自我意识”的觉醒。

一、自我意识的概念

自我意识，简单地说，就是“我”对自己的认识和评价。一般情况下，我们会从三个方面来认识、评价自己。

1. 生理的我

生理的我是我们对自己身体、生理状态的认识、体验和愿望，如身高、体重、容貌，以及温饱感、舒适感等。

2. 心理的我

心理的我是我们对自己的心理活动、个性特点、心理品质的认识、体验和愿望，如意志、能力、性格、兴趣、情绪等。

3. 社会的我

社会的我是我们对自身与他人、家庭、集体及外界环境等各种客观事物关系的认识、体验和愿望，如自己在家庭、集体中的地位，对他人的影响力，对环境的适应性等。

对这三方面内容的描述或认识构成了我们对自己的具体认知。好比参加体育竞赛时，我们能够意识到自己擅长哪项运动。因为清楚知道自己的生理状态，是耐力足够好还是弹跳力足够棒（长跑还是跳远）；知道自己在团队或集体中的价值和意义，比赛的成绩将为集体带来荣誉，能够体会到胜利的喜悦或失败的沮丧等。

自我认识和评价并不是自我意识的全部，当我们对自身各个方面的状态有了清晰的认识后，更重要的是能认识到自己在生活、工作、学习中有什么目的、计划和行动，以及为什么要这样做而不那样做，这样做的结果将是怎样，应如何调节自己的行动等，这些内容才是自我意识的本质。

资料卡片

2017年，一条“高职生励志逆袭复旦硕士”的新闻在网络上引起热议，新闻的主人公就是武汉一所职业学校的学生岳祥。能够考上复旦，得益于岳祥“对自己有非常清晰的认识和规划”。他的学习方法是，尽一切可能不把时间浪费在学习以外的地方。岳祥每天早晨7点进实验室，晚上11点才出来，其间陌生电话一概不接。“我不愿意浪费1分钟。有时我看食堂要排队，就先回寝室啃面包。”5年来，他一路努力，坚持每天学习14个小时。

为了攻克他的“短板”——英语，他用最“笨”的办法学习。无论去哪，都会带上词汇书，一天背200个英语单词，一天背7遍。后来，他的英语词汇量达到了14 000个，看英文原版书、听常青藤公开课都无难度。为了解决另一头“拦路虎”——数学，他拿出了同样的韧劲，自学高等数学、概率统计、线性代数……。两年里，他做了20多套考研数学真题，30多套考研数学模拟试卷。为了提升专业课复习效果，他把市面上能买到的所有科目的真题、模拟题都买来练习。

最终，岳祥被复旦大学计算机专业录取，学习人工智能方向。他想通过自己的努力，用互联网、新技术来消弭教育资源上的不均衡。

二、自我意识的内涵

一个人的自我意识是怎样形成的呢？或者说，怎样做才是真正意义上的自我意识呢？其实，自我意识主要是自我评价、自我体验和自我控制相互联系和相互作用的结果。

1. 自我评价

日常生活中，我们一般通过以下三个途径来实现自我评价。

(1) 通过主动关注和探索自我来实现对自我的认识和评价。这种评价，在实施过程中实际上有两个“我”存在着：一个是在观察、体验自己的“我”，另一个则是被自己观察、体验的“我”。心理学上把前者叫作“主我”，把后者叫作“客我”。好比一个人照镜子，看着镜子的那个人是“主我”，而镜子里那个被自己看的人是“客我”。我们照镜子时，会对镜子里的自己进行认识、评价，就会产生一定的心理体验。比如感觉自己胖了，身材走样了，心里就会不舒服，进而自觉或不自觉地产生“减肥”或“不减肥”的想法。

（2）通过比较来实现对自我的评价。这个比较，可以是纵向的自我比较，就是将现在的自己与过去的自己做对比；也可以是横向的比较，就是将自己与他人比较。在与他人比较时，我们选择的比较对象会倾向于那些与自己条件相当、背景类似的人，因为大致相同条件下的对比会让我们觉得更具有可比性。通过比较，我们会加深对自身特点的认识，对比较结果容易产生认同感。

（3）根据周围人对自己的态度来进行自我评价。比如，老师的评价、同学的评价、朋友的评价等。这些评价可以是直接的，可以是间接的，但更多的是他人对自己的态度所隐含的评价因素，这就需要我们每个人自己去体验、体会了。

我们通过外在评价进而转向自我的内在评价。生活中，有的人在得到外界的充分肯定后，容易将自己看成是有价值的、优秀的、令人喜欢的，这样的评价可以促成我们的自尊与自信的建立。当然，如果一个人被夸赞得只关注自己的优点，甚至觉得别人的一切都不如他时，则容易产生自以为是的、不友好的、自负的心理状态。同样，如果一个人经常接收到的是外界的负面评价，则可能对自己产生一无是处的、低人一等的自卑心理，进而否定自己、丧失信心。所以，如何综合各种因素进行客观合理的自我评价，是自我意识最重要的内涵。

资料卡片

1952 年的一天，诗人艾青来拜访已经 88 岁高龄的齐白石。此次登门，艾青还带来一幅画，请求他鉴别真伪。齐白石拿出放大镜仔细看了看，对艾青说：“我用刚创作的两幅画跟你换这幅，行吗？”

艾青听后，赶紧收起画，笑着应道：“您就是拿 20 幅，我也不跟您换。”齐白石见换画无望，不禁叹了一口气，“我年轻时画画多认真哪，可惜现在退步了。”原来艾青带来的这幅画正是齐白石数十年前的作品。

艾青走后，齐白石一直愁眉不展。一天夜里，儿子起来上厕所，发现父亲没在房间。正要四处寻找时，看到书房的灯亮着，走进去一看，原来父亲正坐在书桌上一笔一画地描红。儿子不解，便问道：“您都这么大年纪，早就盛名于世了，为什么还要描这些初级的东西呢？”

齐白石摇了摇头，不紧不慢地答道：“现在我的声望高，很多人都觉得我画得好，随便抹一笔都是好的，我也被这些赞誉弄得有些飘飘然了，无形中放松了对自己的要求。直到前几天，我看见自己年轻时画的一幅画，才猛然惊醒——我再也不能被外界那些不实之词蒙蔽了。相比之前，我的画现在是大大退步了啊！所以还要重新认真练习，要自己管住自己。”

此后，尽管已是耄耋之年，齐白石依然坚持每天画画，从不懈怠。有时为了一幅画，他甚至要花上好几个月的时间。

勤于自省，善于发现自身不足并及时修正，不被赞誉冲昏头脑，不放松对自己的要求，也许正是这位国画大师成功的真正原因。

2. 自我体验

生活中的我们不停地接收外界信息，接触不同的人或事，情绪随外界的影响而变化，产生诸如喜悦、得意、自信、自满、自卑、悲伤等不同的情感体验。这些体验的产生实际上反映了主体我的需要与客体我的现实之间的关系。“主体我”指主观上认为可以实现的自我，也就是自己想要成为的样子；“客体我”指的是现实情况下的真实自我。

如果客体我满足了主体我的要求，就会产生积极肯定的自我体验，反之，则会产生消极否定的自我体验。比如，这学期期望自己所有的学习科目成绩都为优，但体育科目刚及格，期望的全优成绩与现实有一门成绩仅仅是及格的落差，会让人产生伤心、遗憾、悔恨的情感体验；若期望全优且实现了，则会让人产生自尊、自信、喜悦的感受。

心理学的研究表明，在丰富而复杂的自我体验中，自尊是最重要的成分。一个人自尊程度的高低，对于我们的心理健康发展具有十分重要的意义。

课堂活动

根据下表所列各项，进行自我评价。将所选各项分值相加，看看自己的自尊程度如何。一般来说，总分达到 30 分就已经很好了。

自尊描述	自我评价
喜欢看到镜子里自己的模样	□高（5 分）　□中（3 分）　□低（1 分）
大部分时间里对自己感到满意	□高（5 分）　□中（3 分）　□低（1 分）
享受自己的成就	□高（5 分）　□中（3 分）　□低（1 分）

续表

自尊描述	自我评价
把自己的失败当作学习的机会	□高（5分） □中（3分） □低（1分）
喜欢表达自己的观点	□高（5分） □中（3分） □低（1分）
倾听别人讲述你不认同的观点	□高（5分） □中（3分） □低（1分）
欣然接受赞扬	□高（5分） □中（3分） □低（1分）
在别人（做的事）值得称赞的时候会称赞他们	□高（5分） □中（3分） □低（1分）
对自己有合理的期待	□高（5分） □中（3分） □低（1分）
大方地付出和接受感情	□高（5分） □中（3分） □低（1分）

3. 自我控制

自我控制指个体在没有外界监督的情况下，能调节、控制自己的行为，克制自己的冲动或欲望从而坚持不懈地保证更远大目标的实现。一个人自控能力的高低反映了自我意识的成熟程度。

自我控制是个体调节主观我与客观我、调节个体与外界环境的理性力量。我们在自我认识的基础上，实现对自身行为与思想言语的控制，是一项极为重要的心理品质和行为特征。比如，为实现一个既定的学习目标，我们认识到自己哪些方面的知识是薄弱的，需要再巩固再练习，并且能够潜心专注于学习过程，而不是动辄就放弃学习，说明我们具备良好的自省力、自控力和坚定的意志。在这个过程中，客体我与主体我之间经过分析、比较、反省、行动，我们就会不断提升自我意识水平。

资料卡片

20世纪70年代，心理学家沃尔特·米切尔在一所幼儿园进行了著名的“延迟满足”实验。实验人员给每个4岁的孩子一颗好吃的软糖，并告诉孩子：如果马上吃掉的话，那么只能吃一颗糖；如果等20分钟后再吃的话，就能吃到两颗。然后，实验人员离开，留下孩子和极具诱惑的软糖。

实验发现：有些孩子只等了一会儿就迫不及待地吃掉了软糖，是“不等者”；有些孩子则想出各种办法拖延时间，比如闭上眼睛不看糖、自言自语、唱歌……，成功转移了自己的注意力，顺利等待了20分钟后再吃软糖，是“延迟者”。

10年后，研究人员对这批参加实验的孩子进行了后续研究发现：“不等者”在个性方面，更多地显示出孤僻、易固执、易受挫、优柔寡断的倾向；“延迟者”较多地显示出适应性强、具有冒险精神、受人欢迎、自信、独立的心理特征。两者学业能力的测试结果也显示，“延迟者”比“不等者”在数学和语文成绩上平均高出20分。

这个实验表明，那些能等待并最后吃到两颗软糖的孩子，在青少年时期仍能等待机遇而不急于求成，他们具有一种为了更大更远的目标而牺牲眼前利益的能力，即自控能力。换句话说，能等待的那些孩子的自我控制水平要高于那些不能等待的孩子。

所以，我们在塑造或成就更好自我的过程中，要学习客观看待自己，时常体验积极的自我，对自己严格一点，坚定地为长远目标不懈努力，并有意识地培养自我控制的能力，让自我的这种体察、更新和完善成为一种习惯、一种生活方式，那么，相信这样的我们终会成长为让自己更加喜欢的自己。

课堂活动

描绘独特的“我”

	自我评价	自我体验	自我控制
生理的我	对自己的身体、外貌、衣着、风度、亲属、所有物等的认识	自尊或自卑	追求身体的外表物质欲望的满足，维持家庭的利益等
心理的我	对自己的智力、性格、气质、兴趣等特点的认识	自尊或自卑	追求信仰，注意行为符合社会规范，要求智慧与能力的发展

续表

	自我评价	自我体验	自我控制
社会的我	对自己在团体中的名望、地位、自己拥有的亲友及经济条件等的认识	自尊或自卑	追求名誉地位、乐于与他人竞争、争取得到他人的认同等

通过准确地描绘独特的“我”，让自己更加准确地了解自己、悦纳自己、调整自己。

三、自我意识的作用

1. 自我意识能提高认识能力

我们的认知过程不论感觉、知觉、记忆，还是思维、想象等，都由于自我意识的存在而更加自觉、更加合理、更加有效。自我意识的成熟水平，决定我们在认识过程中如何选择和运用更好的策略，它的影响，不仅仅体现在对外部世界的感觉、知觉、记忆、思维和想象，还有对自身认识过程本身进行的分析、监督和调整。具备良好自我意识水平的人，对于外部或内部世界的认知过程都更准确、更完善。

2. 自我意识直接影响心理健康程度

自我意识让我们意识到“自我”的独一无二、与众不同，但有时会让人产生“孤独”的感觉。比如，体验到自尊的需要，与自尊相联系的“自卑”“自负”等心理体验会发生。在“自我意识”的过程中，如果我们时常感到“内在”的自我和“外在”的行为有种种矛盾或冲突，就会产生“苦闷”“彷徨”等情绪体验。这些消极的自我意识，不仅恶化我们内心的情感体验，也会最终影响我们的心理健康。

3. 自我意识能促进意志力发展

意志力以确定的行为目的为开端，为我们完成既定行为、实现行为目的提供坚强的心理保障。但当我们决定做一件“伟大”的事情的时候，必须清醒客观地认识自己各方面的条件，特别是在遭遇可预见或者难以预见的挫折、苦难和打击时，是否有足够的心理承受能力和坚持下去的意志。所以，如果我们能够意识到“自我控制”能力的大小强弱，就能够有意识地在生活、工作、学习中加强意志力训练。例如前面“延迟满足”实验中的“不等者”，如果他们后来接受针对性的训练，相信他们也能成为“延迟者”。

4. 自我意识是道德行为选择的必要前提

我们的任何活动都不会游离于社会之外，所以每个人对“自我”的认识就受到社会规范的制约。也就是说，我们想要成为的样子，不仅仅是自己所希望成为的样子，同时应该符合社会对我们规定的角色要求。换句话说，具有成熟自我意识的人，能够意识到自己在社会关系和人际关系中的地位和作用，能够体验诸如信念、责任、荣誉、价值观等社会道德，能够实现自我价值与社会价值的统一。

资料卡片

秦玥飞从美国耶鲁大学毕业后，到湖南衡阳一个偏僻的村庄当村官。这位“85后”的选择在很多人看来是不可思议的，但秦玥飞自己却觉得“自然而然”。

秦玥飞在耶鲁大学攻读的是政治和经济学。要将所学应用于国家发展，在高校或研究所从事理论研究当然是一个不错的选择，但他认为进入乡村才是实现其理想的最佳选择。在远离城市的乡村，他充分运用国家各项政策资源，修水渠、通网络、兴学校，还建造了温馨的庭院式敬老院，拓宽了能够行驶校车的乡间公路；他四处奔波筹款，发起了“黑土麦田公益”项目，吸引更多的优秀大学毕业生和社会公益组织、企业家服务乡村经济，造福乡村百姓。

秦玥飞闪光的地方，并不在于耶鲁大学和普通村官之间的反差，而是他敢于自我认知、忠于自己的理想并为之付诸实践的行为选择。用他自己的话说，能在公共服务领域干出成绩是自己的梦想，而当村官是最好的舞台。不管这个舞台多么不起眼，所干的事情多么琐碎，只要有梦想在引领，就不会失去意义。

第二节　自我意识偏差

在与他人的交往和社会实践中，我们需要培养积极的自我意识，以形成良好的适应性和自主性。与此同时，我们不可避免地会面对成长中的一些自我意识问题，并且需要通过解决问题来度过危机，这些自我意识问题主要表现为自负、自卑、逆反、孤僻和离群。

一、自负

自负表现为以自我为中心，有很强的优越感，对自身的优点与长处无限夸大，炫耀自己，而对他人容易指责与不满，盛气凌人，人际关系模式表现为“我好，你不好”“我行，你不行”。这样的人往往与别人相处不好，不能客观地看待自己或他人，不能赢得他人的信任与好感，容易造成做人做事的失败。

资料卡片

史玉柱是具有传奇色彩的创业者之一。他曾经是莘莘学子敬仰的创业天才，也曾是无数企业家引以为戒的失败典型。

1992 年，史玉柱在广东省珠海市创办珠海巨人高科技集团。20 世纪 90 年代中期，当时“十大改革风云人物”之一的史玉柱决意在美丽的珠海盖一栋自己的大厦，在他一次又一次和国家领导人握手之后，这栋原本 18 层的大楼被渐次拔高到 78 层。史玉柱意气风发地决心要盖中国第一高楼，虽然当时他手里揣着的钱仅仅能为这栋楼打桩。一位企业家这样形容当时的史玉柱：“他意气风发，向我们请教，无非是表示一种谦虚的态度，所以没有必要和他多讲。而且他还很浮躁，我觉得他迟早会出大娄子。”果然，不久之后，因经营不善造成资金链断裂，巨人大厦被迫停工，史玉柱也背上了巨额债务。

当然，史玉柱并没有因此倒下，经过 10 年的顽强打拼后，他再度崛起。他深知当年巨人大厦的“倒下”，和他春风得意中的自负心理有着相关性。此后，史玉柱行事极为低调、审慎，他的公司再也没建办公大楼，只是在心里不断建造事业的“巨人大厦”。

造成自负的原因主要有：

（1）不能客观地评估自己，高估自己的能力而低估他人的能力。

（2）想问题、做事情往往从自己的角度出发，以自我为中心，不能认同他人的意见或建议，没有全面分析与思考的习惯。

(3) 寻找逃避责任的借口。在学习成绩下降或人际关系紧张时，总是为自己找一个没有错的理由，错在别人而不是自己。

二、自卑

对自己的过低评价就是自卑。自卑的人表现为不喜欢自己，总是关注自己的缺点，总是在否定自己。自卑的人怀疑自己的能力，拒绝接纳自我，最后干脆放弃自我，遇事逃避或者从众。其心理体验常伴随较多的自信缺失、情绪消沉、意志薄弱、孤僻抑郁。

资料卡片

每个女孩在青春期都会有伤感或者痛苦的理由，已经成为一位知名主持人的张萌的理由是肥胖。曾经有段时间，张萌为自己的体形发愁，那段时间贯穿了她从初中到大学毕业。

因为自卑，张萌变得很封闭，不愿与人打交道。为了减肥，张萌尝试了很多方法，吃了无数的减肥药，不知吃了多少苦头，但是毫无作用。张萌对减肥感到绝望了。肥胖成了她沉重的心理负担，她甚至差点无法拿到大学毕业证书，不是因为功课，而是因为她不敢参加体育长跑测试！老师说："只要你跑了，不管多慢，都算你及格。"可她就是不跑。因为恐惧，恐惧自己肥胖的身体在跑步时一定非常难看。可是她连对老师解释的勇气都没有，最终还是体育老师"法外施恩"，以考别的项目让她过了体育这一关。

张萌自卑心理的形成具有一定的普遍性，而自卑心理带给我们的各种困扰从张萌的经历中可见一斑。如何应对自卑，张萌以自己后来的心路历程做出了最好的答案。1995 年，张萌因为其扎实的文学功底和独特的体貌特征，成为一名电视主持人。在一档关于肥胖的专题节目中，作为嘉宾的张萌慷慨陈词："胖怎么啦，胖自己的，又不碍别人的事。"而且她坚定地表示："永不减肥。"肥胖反而成为张萌作为知名主持人的独特标志，她不但非常豁达地面对当年肥胖带给自己的阴影，而且诠释了魅力多取决于心智，而绝不是外表。

从心理学的角度看，自卑心理的形成原因大都是多因素的、综合性的。一般来说，内向的性格、失败的经历、悲观的情绪等都会使人产生自卑心理，外表的"缺陷"只是其中的一种。青少年时期对于自身的身材相貌相对比较敏感，容易"夸大"自身的缺点与不足，造成自信不足而形成自卑心理。

三、逆反

逆反心理通俗地讲，是一种“让我往东，我偏要往西”的心理状态。这种心理在青少年时期容易产生，是一种比较普遍的心理偏差。比如，老师要求我们不要将食品带入教室或实训场，我们偏不，就是逆反心理的表现。在家里，爸爸妈妈关照我们天冷多穿衣，关照我们不要去池塘游泳，关照我们少玩游戏多读书……。这些建议和要求会在某种程度上被我们认为是对自身的限制，所以常常采取不同形式的反抗：口是心非，我行我素，直接顶撞，甚至离家出走。这些都是逆处理的表现。

资料卡片

马克·吐温有一次在教堂听牧师演讲。最初，他觉得牧师讲得很好，使人感动，准备捐款。过了10分钟，牧师还没有讲完，他有些不耐烦了，决定只捐一些零钱。又过了10分钟，牧师还没有讲完，于是他决定，1分钱也不捐。到牧师终于结束了冗长的演讲，开始募捐时，马克·吐温由于气愤，不仅未捐钱，还从盘子里偷了2元钱。

马克·吐温最后为什么不仅不捐钱了，还要偷走2元钱？这就是心理学上的“超限效应”所导致的结果。所谓“超限效应”指由于刺激过多、过强或作用时间过长而引起不耐烦、反抗的心理。

作为成年人，作为知名作家，马克·吐温也会因“超限效应”产生逆反心理，乃至产生了违背常理和道德的行为。当面对父母或老师的唠叨、指责，特别是一而再、再而三地喋喋不休时，我们就更容易表现出不耐烦的、反抗的心理。我们故意和大人唱反调，用各种手段、方法来确立“自我”的存在和独立，甚至以反常的行为来显示自己的“高明”和“意志”。这个时期，由于我们的认知能力和自控能力较为有限，这种逆反可能会导致非理性思维和行为的产生，严重的还会扭曲我们的价值观、是非观和善恶观。所以，必须采取有效的方法来预防和克服。

课堂活动

下面是一组关于逆反心理的测试题，请做出“是”或“否”的回答，根据评分规则，算出你的总分。

（1）你喜欢按照别人说的去做吗？

（2）你是否认为绝大多数规章制度都是不合理的？

（3）如果父母再次叮嘱一件事，你就感到厌烦吗？

（4）你欣赏与老师对着干的同学吗？

（5）你经常考虑事情的反面吗？

（6）你是否对班干部指手画脚很讨厌，而故意不按要求去做？

（7）老师和父母越是要你用功学习，你越是不想学吗？

（8）老师的话很多都是有漏洞、有问题的吗？

（9）你喜欢与众不同吗？

（10）违反学校的某些规定，你从中感到某种快乐吗？

（11）老师善意的批评常常引起你的反感和愤怒吗？

（12）你是否认为老师有很多缺点和错误？

（13）对别人不敢干的事你特别想尝试一下吗？

（14）你喜欢搞一些让人难堪的恶作剧吗？

（15）你是否觉得父母和老师总是大惊小怪、小题大做？

（16）你蔑视权威吗？

（17）对批评你的人，你都感到讨厌和恼恨吗？

（18）你是否认为冒险是一种极大的快乐？

（19）你习惯上总是不按照大多数人说的去做吗？

（20）你感到没有意思的事，别人怎么说你也不会好好去干吗？

（21）你特别爱做令人大吃一惊的事吗？

（22）你认为别人对你很不重视吗？

（23）一旦决定了干一件事，不管别人指出这件事多么不好，你也不会改变主意吗？

（24）你总是对老师表扬的同学反感，不想理那个同学吗？

（25）你喜欢干一些能引起很多同学注意的事吗？

（26）你被别人说得火冒三丈时，你就会偏不照他说的去做吗？

(27) 你讨厌那些当班干部的同学吗？

(28) 你认为上课时出现一些老师没有意料到的情况令人开心吗？

(29) 对伤了你自尊心的人，你是否要给他添一些麻烦，让他感到你是不好惹的？

(30) 越是禁止的东西，你越想方设法尝试吗？

评分规则：各题答“是”记1分，答“否”记0分。各题得分相加，统计总分。分数越高，说明逆反心理越重。

四、孤僻与离群

孤僻与离群是自闭倾向的表现，一般在孩童期就有潜伏，具体表现为少言寡语、行为刻板、兴趣狭窄、逃避集体活动、游离于集体之外。

造成孤僻和离群的原因是多种多样的，但主要原因有两个：一是来自幼年时所受到的心理创伤，如父母离异、家庭暴力（包括语言暴力）、伙伴欺凌等。这些不良刺激使人过早体验到忧虑、害怕、恐惧等有害心理健康的情绪，造成心理发展障碍，甚至贻害终生。二是来自社交失败的沮丧体验。由于缺乏与人正常交往的经验，或者在与人交往的过程中屡受挫折，如遭遇冷漠、拒绝，甚至耻笑、埋怨、训斥，会使人渐渐失去自信，越来越不愿与人交往。而越是如此，就越缺乏人际交往经验，恶性循环，孤僻离群就会自然产生，直至成为个性特征。

我们知道，正常的学习、工作和生活都离不开社会，离不开群体。因此，我们必须合群、乐群，对于已经有孤僻离群倾向的同学来说，下面故事中的人物经历可以给我们有益的启示。

资料卡片

刘同，生于1981年，身高1.78米，用他自己的话说“长得还比较清秀”，出了书，33岁任职某公司副总裁。但与大多数“80后”一样，他也经历过青春的迷惘，甚至在很长一段时间内孤独彷徨。

提起高中时光，刘同说起他曾经做过的一件最傻的事，他想打篮球，又没有勇气和班上的体育委员说，就写了张小纸条给对方：“我可以和你成为朋友，一块打篮球吗?”对方看完直接将纸条扔入了垃圾桶。除了没有友情，高中时的刘同和父亲几乎没有任何沟通。对父亲而言，刘同是一个整天盯着电视看，看到连电视节目都没有了仍然还在看的人。有一天，刘同在纸上提笔发泄：“谁的17岁比我惨。”他还一一列出“最惨”的几件事：永远没有零花钱，永远穿一样的衣服，男生不把我当男生，女生不把我当男生，父母不理我，老师不理我。

他看着这6件事，忽然找到关联，最后得出一个结论，是因为自己成绩差，所以老师、父母、同学都不理他，也没有零花钱。“那时我真是醍醐灌顶，仿佛看穿了人生的本质。”

找到困扰自己的根源后，刘同开始尝试着改变，“我想感受成绩好是什么滋味”。那时刘同已经上高三了，他重新开始学习从高一起就没有学好的各门功课。终于在一次高考模拟考试后，他获得了老师的一句话：“你以后有什么问题就来找我吧。”刘同说：“听到这句话，我真的不想笑，我想哭。”通过这样的尝试改变，刘同明白了一个道理：“一个人若要被人接受，一定要靠能力。若怀疑自己的能力，就稍稍转变思维方式，一切都会变得不一样。”

2014年，刘同将自己高中的亲身经历写成了一部书，取名为《你的孤独，虽败犹荣》。不仅如此，他还以“你的孤独，虽败犹荣”为主题在全国巡讲。他就是要以自己的经历唤醒那些和他当年一样，还沉浸在孤独离群泥淖中的青少年。他说：“每一个人成长中都会面临孤独，也不知道到了一个新环境中能不能合群。但孤独也会产生一种潜在的力量，就看你如何去发掘。”孤独作为一种极其消极的负面心理，刘同说自己的排解方式是，把精力投入到自己喜欢的事情中去，如工作与写作，这两件事能让他很快沉淀下来。此外，他还会健身、听歌，即便在出差旅行途中也不例外。

孤僻与离群并不可怕，就连爱因斯坦、牛顿这样的大科学家在他们的孩童和青少年时期都或轻或重地有类似症状。如果我们能够走出来，并按照正确的目标走下去，就一定会见到光明的未来。

第三节 自我意识完善

自我意识完善是我们成长的长期课题。这个课题就是要在生活实践中逐步完善自我意识。完善的自我意识可以优化我们的心理状态，促进良好人格品质的形成与发展。

一、自我意识完善的标准

自我意识完善具有如下四个方面的特征：第一，有自知之明，既知道自己的优势，也知道自己的劣势，能正确评价自我和发展自我；第二，自我认识、自我体验和自我控制协调一致；第三，积极肯定的、独立的并与外界环境保持一致；第四，“理想的我”与“现实的我”相统一，有积极的目标意识和内省意识，努力进取、永无止境。

二、自我意识完善的方法

青春期是认识自我、肯定自我、完善自我、提升自我的最佳时期，我们需要掌握一些自我提升的技术，让自己成为一个“更好的自己”。

1. 正确认识自己

（1）全面客观地认识自己。认识到自己的长处和短处，能够接受不完美的自己。

（2）扩大社会实践。不仅可以通过自己的活动表现和成果来认识自我，还可以丰富自己对自然、社会和他人的认识，通过认识外部事物来进一步认识自我。

（3）正确对待他人对自己的评价。从他人对自己的评价中进一步认识自我。

（4）通过比较（与自我、与他人）来认识自我。进一步认清自己的优势与弱点，敢于剖析与批评自己，在自我剖析与批评中加深对自己的认识，取长补短，缩小差距，不断进步。

2. 客观评价自己

心理学家祖哈利有一个说法：“人自身有一个盲点，是要靠别人才能反映出来的。对这个盲点，人本身会一无所知，必须通过别人来反映自己，告诉自己，从而让自己完整而深入地了解自己。”这就是著名的“祖哈利窗子”理论。换句话说，我们通过别人才能更加客观、全面地了解自己并进行恰如其分的自我评价。

（1）以师长为尺。生活中老师和我们接触较多，他们有着丰富的专业知识和经验，因此他们对我们的评价一般比较客观、理性；父母对我们关心呵护，我们从小在他们身边长大，没有谁比他们能够更加深入、细致地了解我们。我们若能虚心听取老师和家长的意见，以他们的评价作为一个标尺，就可以使我们的自我评价水平得到提高。

（2）以书本为鉴。多读健康、有益的书籍，正所谓“书中自有黄金屋，书中自有颜如玉”。通过读书让我们获得认识事物的方法，体察自己的优势与不足，获得心灵的感悟和提升，从自我出发又超越自我，有所思考，有所借鉴，更好地评价自我。

（3）以朋友为镜。我们与同龄的人最有相似之处，共同点比较多，可以相互沟通交流，相互了解比较。如果以朋友为镜，从他们的评价中看到自己的优缺点，对了解自我、评价自我十分有益。所以，不妨多交些“知心朋友”和“诤友”，经常能够坐下来聊聊，听听朋友对自己的看法，是增强自我评价能力的一条有效的捷径。

资料卡片

唐太宗李世民为了防止自己犯过，他就鼓励大臣们把意见当面说出来。魏征就是最敢于直言的，看到太宗有什么不对的地方，总是当面力争，甚至很多时候让皇帝当众下不来台。但太宗视他为不可缺少的重臣。公元 643 年，魏征卧病不起，太宗派人前去问询，又派中郎将李安俨在魏征的宅院里留宿，一有动静便立即报告。闻魏征病重，太宗又和太子一同到其住处探望。魏征去世，太宗命九品以上文武百官均去奔丧，赐给手持羽葆的仪仗队和吹鼓手，陪葬在昭陵。魏征的妻子说：“魏征平时生活俭朴，如今用鸟羽装饰旌旗，用一品官的礼仪安葬，这并不是死者的愿望。”对厚葬礼仪，她全都推辞不受，仅用布罩上车子载着棺材安葬。太宗登上禁苑西楼，望着魏征灵车方向痛哭。此后，太宗不停地思念魏征，对身边的大臣说：“人们用铜做成镜子，可以用来整齐衣帽，将历史作为镜子，可以观察到历朝的兴衰隆替，将人比作一面镜子，可以确知自己行为的得失。魏征死去了，朕失去了一面绝好的镜子啊！”

3. 有效控制自己

人和动物在行为上的根本区别，在于人的行为有自觉性。能驾驭本能，控制自我，是健全自我意识、完善自我的根本途径。有效控制自己的方式有：

（1）乐观、美好的憧憬。设定一个从自身实际出发、通过努力能够实现的目标，制订实现目标的计划，从而调动自身能量，把握好现时的认知力，锻炼自己即刻行动的能力，脚踏实地、凝心聚力、不断前进。

（2）培养健全的意志品质。自我约束、战胜困难离不开意志的力量，实现最终理想，需要每个人从培养健全的意志品质做起。增强挫折承受力，培养自觉、果断、顽强、坚韧的意志品质和必胜的信心，树立持之以恒的信念，提高我们的自控能力。

课堂活动

邓亚萍是乒乓球运动历史上著名的女子选手，身高仅1.55米的身材似乎不是打乒乓球的材料，但她凭着苦练，以罕见的速度、无所畏惧的胆色和顽强拼搏的精神，获得一个又一个冠军。时任奥委会主席的萨马兰奇为她的球风和球艺所倾倒，亲自为她颁奖。她的出色成就，改变了世界乒坛只在高个子中选拔运动员的传统观念。

退役后，她先后到清华大学、诺丁汉大学和剑桥大学进修学习，获得了英语专业学士学位、中国当代研究专业硕士学位以及土地经济学博士学位。

在诺丁汉大学上课的过程中，她总是抓住一切机会抢着发言，老师说从她学习的劲头就可以看得出她是一个世界冠军。一年后，面对严格的考官，她用英语陈述了3.5万字的论文，一次通过！她如愿获得硕士学位。在剑桥求学时，她拿出体育训练的拼劲，每天凌晨5点起床攻读。萨马兰奇先生称赞她“拥有了打开世界大门的钥匙”。

邓亚萍坦言，从运动员到学生，尤其是一个留学生，她付出的努力并不亚于打球。

邓亚萍运动生涯与学业成功的原因是什么？从中你获得了哪些启示呢？

生活中，如果我们总是把自己的成功归因于外部环境而不是个人努力，会削弱我们对事物的控制力，令自己变得无助。心理学家发现，有较强控制感的人，会认为自己的命运是由自己控制的，会表现出自我控制的意愿和能力，更可能在学校表现优秀，拥有更好的关系，获得更好的工作，并且可以延迟满足以实现长远目标。所以，培养健全的意志品质，不管遇到什么情况，都要相信自己能行，并努力提高自己的能力，从而将自己的命运牢牢地掌握在自己手中。

（3）主动调整自己的兴趣。生活是由我们感兴趣的事和不感兴趣的事交织而成。在面对不感兴趣的事物方面，如果我们将缺失兴趣归因于事物本身或一些不可控制的外部因素，就会对其进一步丧失兴趣，最终对事物毫无控制力。例如，某个同学对本学期开设的大多数课程毫无兴趣，只喜欢其中的两三门，但他不得不认真学习所有课程，因为课程与课程之间相互关联，若有落下的课程，会直接影响到他感兴趣的那些课程的学习效果。所以，是否感兴趣取决于我们自己，在遇到不感兴趣却又不得不做的事情时，不妨主动调整兴趣，试着爱上所做的事情，这样更有可能让我们突破自己，获得更多的发展机会。

4. 努力提升自己

自我意识既是提升自己的前提和基础，又是自我综合能力的具体体现。要造就一个和谐的自我，努力提升自己的能力是必然的选择，而一个和谐的自我又必定能促进自我能力的不断提升。两者互为因果，相辅相成。

努力提升自己没有捷径，无须特定条件。只要我们本着发展自己、获取幸福人生的理念，就能够自觉地在各种情境下，将每件事都视为提升能力、锻炼自己的机遇。例如，在一定情境下，我们每个人对完成某项工作总有一定的预期，并会努力达成这个预期。而如果我们接受相对于现有能力水平有一定难度的任务时，则会对自己提出一定高度的期望值，表现出更强烈的信念和智慧、能力和效率，尽自己最大的努力，以增加完成挑战性任务成功的可能性。这样的挑战和期望，有助于我们得到积极提升，同时强化正确的自我意识。

在努力提升自己的过程中，我们要注意随时克服可能出现的自我障碍。所谓自我障碍，就是我们可能会对自己是否具有适应各种压力的能力有一种焦虑，并由此带来一定的不安全感。就像有时候某件事拖着不做，是因为我们怕做不好，觉得自己“状态不佳”或能力不足，把它搁置一边，静候灵感的降临。越怕做越不去做，但内心知道这件事情最终不得不做，在这种状态中自己会越来越焦虑，这便是典型的自我障碍。一个渴望自我发展的人，必须主动克服这种障碍，不断进行积极的自我尝试，不怕犯错，不怕重来。随着失败与成功经验的不断积累，这种自我障碍自然会随着能力的提升而消失。凡事不可能一帆风顺，努力提升自己的过程也是如此。

探究与体验

“我是谁?”是一种自问自答式的关于自我意识的测试方法。这种方法就是在一张白纸上用以“我”字开头由句子来回答“我是谁”这样的问题。具体来说，就是用20个不同的句子来说明头脑中浮现的关于“自己是什么样的人”的种种想法，然后由专家对回答进行分析，从而对自我意识发展状况做出一个判断。为了使这个判断更加合理，可以间隔一周重复一次，连续多次，相互对照，比较异同。对自我意识发展状况良好的人来说，这个测试也可以由自己来实施，从而促进自己内省、评价能力和自我监控能力的不断提高。

请按照上述方法，在下面空格中仿照例句写出自己的样子。

例句：我是一个勤奋的人。

1. 我是________________
2. 我是________________
3. 我是________________
4. 我是________________
5. 我是________________
6. 我是________________
7. 我是________________
8. 我是________________
9. 我是________________
10. 我是________________
11. 我是________________
12. 我是________________
13. 我是________________
14. 我是________________
15. 我是________________
16. 我是________________
17. 我是________________
18. 我是________________
19. 我是________________
20. 我是________________

第三章　开发学习潜能

一位科学家曾经给青年学生写过一封信：

学习是一件很简单的事，而且非常有趣。也许你不同意我的看法，每天一背起书包就垂头丧气，仿佛一场灾难即将降临。你害怕上学，主要是你害怕学习。如果说得更确切，那就是你不会学习。

会不会学习非常关键。就如伐木工人用斧头一上午只能砍一棵大树，但用电锯十分钟就锯完了。学习方法就是工具，如果没有好的学习方法，即使你每天刻苦努力，也不会取得好的成绩。

不过，我首先得坦言，小时候我的学习成绩很糟糕，原因就是没有掌握好的学习方法。如果以前我就读了一些关于如何学习的书，那我的成绩肯定不会那样糟。

只有学会学习的人，才能感受到学习的乐趣。只有在快乐中学习的人，才能学得更聪明。热爱学习吧，年轻人！

第一节　探索学习心理

学习是什么？我们为什么要学习？培根说："读书使人充实，讨论使人机智，笔记使人准确……，读史使人明智，读诗使人灵秀，数学使人周密，科学使人深刻，伦理使人庄重，逻辑修辞使人善辩，凡有所学，皆成性格。"

学习的过程，是一个自我成长和提高的过程。认识学习，可以帮助我们改善学习方法，提高学习能力，促成高效学习。学会学习，可以让我们体验成就感，获得尊严，也收获快乐！

一、学习的意义

学习是一个人获得知识、技能和经验的过程，是一个人适应环境的手段。通过学习，一个人的行为和能力会发生相对持久的变化。

1. 学习决定人生

学习是由不知到知，由知之甚少到知之较多的过程，是一个由不会到会、由会得不精到精益求精的过程。每个人都得学习，而且一生都得学习，尤其是从出生到青年这个时期，学习与否、学得如何，甚至能决定一个人的命运。

资料卡片

83岁"换笔"用计算机，98岁倡导"基础华文"运动，100岁、101岁、102岁均有著作出版，102岁以四卷本《周有光语文论集》获吴玉章人文社会科学奖特等奖。这就是享年112岁的"汉语拼音之父"周有光。

周老先生横跨经济、语言、文化三大专业，通晓汉、英、法、日四种语言。他对中国语文现代化的理论和实践做了全面的科学的阐释，参与《汉语拼音方案》制定，并主持制订了《汉语拼音正词法基本规则》，被外界誉为"汉语拼音之父"。

曾有人请教这位百岁老人，人生的意义是什么？他回答："我觉得人生最有意义的就是学习知识。追求知识，享受知识，创造知识，就是人生的愉快。”再问他：“人生最美好的是什么？”他说：“知识是最美好的东西，求知是最美好的事情。”

周老先生毕生致力于学习这件事，实践着学无涯、思无涯、其乐也无涯。学习是现在的我们要面对的头等大事，也是我们一生中都要面对的重要的事。学习，即是一个改变自我、提升自我的过程，也是一个发现自我、引领自我的过程。这个过程的质量，很大程度上决定并影响着我们的人生。

2. 学习是一个人适应环境的手段

学习是一种适应性活动。一个人要生存，就必须适应环境变化。而一个人天生的本能，如吮吸、防御等，是无法保证生存的。因此，作为一个个体，我们必须通过学习获得、积累各种必需的知识和技能，才能在不断变化的自然环境和社会环境中生存发展。如果不学习，我们就很难就业。创业则更需要以相应的社会知识、专业知识和在实践中不断积累的各种经验作为后盾。

3. 学习能使一个人的行为或能力保持相对持久的稳定

学习能使学习者在行为、知识、技能或能力等方面保持相对持久的稳定。比如骑自行车，一旦学会了，即使长期不骑，这种能力也不会彻底消失。

4. 学习能激发人的潜能

其实，学习引起的变化更多的并不立即见之于外显的行为，而是引起我们内部的心理结构变化，即潜能的储备。有些人小时候学习成绩并不出众，但后来却成为伟人，取得了常人难以企及的伟大成就。例如，达尔文小时候曾被认为是低能儿，牛顿在学生时代的成绩也很差，大数学家华罗庚在初一时还补考过数学。是什么使他们产生了如此巨大的变化呢？是学习！学习把他们大脑中最擅长的潜能激发并发展了起来。大脑越用越聪明，说的就是这个道理。

资料卡片

小时候的鲁迅是个聪明的孩子，四书五经之类的书并不能满足他的求知欲，他从很小的时候起，就开辟另外的求知途径。首先是看杂书，从画着奇形怪状的神话人物的《山海经》，到《封神演义》和《西游记》之类的神话传说，凡是他觉得有趣的，都千方百计搜来读。其次是抄杂书，从陆羽的《茶经》、陆龟蒙的《耒耜经》，一直抄到《酉酉丛书》里的古史传和地方志。再就是绘画，他从大舅父那里借来绣像本的《荡寇志》，把里面的一百多张绣像全都描了下来。

鲁迅小时也很喜欢玩耍。他怎样玩呢？第一，他喜欢种花。为了种花还专门买了一本怎样种花的书——《花镜》。他还专门在各种花旁插上竹签，写明花的名称，做得津津有味。第二，他喜欢描画。那时候没有美术课，他自己买了一些宣纸，映在绣像小说上，把书上的人物、房屋等描下来，再订成一本一本的小册子。这对他以后在南京路矿学堂学画图很有帮助。

鲁迅小时候的学习和玩耍，给了我们一个深刻的启示：读书学习就该专心致志，决不可三心二意、不动脑筋；休息玩耍，不要呆头呆脑，而要玩得有趣有益。

鲁迅这种“玩耍”式的学习将他的兴趣爱好和学习能力糅合在一起，他在快乐的体验中做自己擅长的事，学习潜能得到不断地发展，学习带来的乐趣推动他将爱好孜孜不倦地进行下去。

二、学生学习的特点

1. 形式特点

（1）学生学习是一种特殊的认识活动，其主要目的是掌握前人所积累的知识、技能与经验。

（2）学生学习是在教师指导下，有计划、有组织地进行的。

（3）学生学习不但要掌握具体的知识、技能和经验，还要发展智能、培养品德，以及促进健康个性的发展，形成科学的世界观和方法论，为终身学习和职业发展奠定坚实的基础。

2. 心理特点

作为获得知识、技能和经验的过程，学习的心理活动有许多特点，如学习迁移作用、学习（练习）中的高原现象以及非智力因素等，都会对学习效果产生不同的影响。

（1）学习迁移。学习迁移是指一种学习对另一种学习的影响。当一种学习对另一种学习产生积极的促进作用时，称为正迁移；反之，则称为负迁移。比如，由于动作要求的相似性，我们学会了双杠的前摆上之后，往往能很快地学会吊环的前摆上，这就是学习的正迁移。但由于动作差异性较大，我们学会打网球之后，再学习打乒乓球往往会感到困难，这就是学习的负迁移。

学习中如何利用正迁移避开负迁移，是一个非常重要的问题。关于促进学习正迁移的方法，心理学家提出了以下几点建议：

1）总结学习经验，运用正确的学习方法。

2）创设与应用情境相似的学习情境。

3）牢固掌握基本知识，促进新旧知识的结合，形成自身的知识、技能和经验的网络体系。

（2）学习（练习）中的高原现象。所谓高原现象是指学习（练习）成绩的进步并非总是直线上升的，有时会出现暂时的停顿。1897 年，布瑞安和赫特研究电信人员发电报中动作技能的进步情况，结果发现，在练习的第 15～28 天，练习虽未中断，方法也未改变，但成绩却不见提高。这就是学习（练习）过程中的高原现象。

高原现象出现的原因有许多，例如学习热情下降、身体过分疲劳、旧技能习惯的限制等。

高原现象较多出现在掌握动作技能的过程中，但学习知识的过程中有时也会出现这一现象，此时学习者会感到自己的学习总是停滞不前，十分焦急。其实，出现这种现象是很正常的，只要明白了产生这种情况的原因，有的放矢地改变某些学习习惯或相关条件，就会较快地走过这一段时期。例如，可以多休息、少看些书，以消除身体的疲劳感；如果对某门课程的学习兴趣下降了，可以暂时学习另一门功课，或者在感到厌烦的功课中竭力寻找自己未发现的新的兴趣点，以重新激起学习的兴趣与热情。

资料卡片

积极的休息，是克服因体力、精力、心理疲劳引发高原现象的有效方法。心理学研究结果表明，在左手活动的情况下，右手的疲劳消除得更快。这证明变换人的活动内容确实是积极的休息方式。

卢梭，法国启蒙思想家，虽然不是研究学习心理学的专家，但他本人的心得正好验证了积极休息的效果。他说："我本不是一个生来适于研究学问的人，因为我用功的时间稍长一些就感到疲倦，甚至我不能一连半小时集中精力于一个问题上。但是，我连续研究几个不同的问题，即使是不间断，我也能够轻松愉快地一个一个地寻思下去，这一个问题可以消除另一个问题所带来的疲劳，用不着专门去睡觉或者放下手头的工作休闲。这个方法对我非常有效，我每天都对一些问题交替进行研究，即使我整天用功也不觉得疲倦。"

（3）学习中的非智力因素。对一个同学来说，学习过程中，往往起初进步很快，随后有一段时间成绩保持相对稳定，但学习中成绩还会时升时降，表现出较大的起伏性；对一群同学来说，学习成绩的高低还会因人而异，即表现出个体差异。这些不但和人的智力有关，还和学习中表现出来的各种非智力因素有关，比如兴趣、动机、情绪特征、行为习惯等。心理学的研究表明，绝大多数同学的智力水平是差不多的，导致学业成绩乃至将来事业成就大小的主要因素往往是非智力因素。

资料卡片

智力因素通常是指记忆力、观察力、注意力、想象力、思维力等，即认识能力的总和。而非智力因素是指智力因素以外的一切心理因素，它对人的认识过程起直接制约的作用，其中主要包括兴趣、情绪、情感、意志、性格等，是认识活动的动力系统。比如深厚的兴趣和良好的情绪使智力活动进入积极状态，往往会唤起人们废寝忘食的钻研劲头，从而成为发掘智力潜力的金钥匙。心理学家特尔曼和丽文斯曾对 1 528 名小学生进行研究，持续 50 年，获得了大量数据。研究表明，这些智力相当的学生，由于各自的非智力因素不同，成人以后在事业上取得的成就差异悬殊。那些成就显著的人之所以成功，更多是因为他们有很强的进取精神，热爱学习，做事认真，意志坚强，凡事能够坚持到底。

（4）过度学习。所谓过度学习是指对知识和技能达到勉强可以回忆和操作的程度后，继续学习和训练，以达到巩固成果的目的。过度学习并非越多越好，它有一个限度，一般来讲，中等程度的过度学习效果较好。

资料卡片

美国心理学家克鲁格曾做过一项实验。他让被试者识记一组序列词汇，第一组学习到全部能回答时就停止学习；第二组则继续学习，进行50%的过度学习；第三组则进行100%的过度学习。实验结果表明，过度学习对材料的保持率起着很重要的作用。过度学习越多，保持率越高。但是，过度学习超过50%之后，对内容的记忆效果反而有下降的趋势。

课堂活动

宋朝有个叫陈康肃的人，能够在百步开外射中杨树的叶子，这样的射箭技术可以说是举世无双。

有一次，陈康肃非常自负地向众人表演射箭。一位卖油的老翁挑着担子经过，他停下脚步，放下担子，斜着眼睛看陈康肃射箭。陈康肃的箭术果然名不虚传，引得围观的人们大声喝彩，而那位卖油的老翁只是稍微点了下头。

陈康肃见老翁似乎有点看不上他射箭的技艺，就放下弓箭走过去说："你也懂得射箭吗？难道你认为我射箭的技术还不够精吗？"老翁平静地回答说："我觉得这也没啥了不起的，只不过你练得多了，手熟而已。"

陈康肃生气了，质问道："你怎么敢如此贬低我的绝技！"

老翁不慌不忙地说："我是从我多年来倒油的技巧中懂得这个道理的。我就演示给你看一看吧。"说完，老翁把一个葫芦放在地上，取出一枚圆形方孔的铜钱盖在葫芦嘴上，然后用瓢从油桶里舀了满瓢的油向盖着铜钱的葫芦嘴里倒。只见那油汇成细细的一线流向葫芦嘴，均匀不断。油倒完了，把铜钱拿下来细细验看，上面竟然连一点油星子都没有沾上。在人们一片啧啧称奇声中，老翁笑了笑，说道："我这点雕虫小技也没有什么了不起的，不过是手熟而已。"

这个卖油翁的故事告诉我们哪些关于学习的道理呢？在我们的学习中如何实践？

三、记忆与学习

记忆与学习密不可分。学习的过程实际上也是记忆的过程，是和遗忘不断斗争的过程。心理学家艾宾浩斯的遗忘曲线表明，遗忘在学习之后立即开始，而且遗忘的进程最初很快，以后逐渐减慢。遗忘不仅受时间因素的影响，还受许多其他因素的影响，比如所记忆材料的先后顺序、记忆的方式方法等。就记忆的先后顺序来说，实验研究表明，最后记忆的材料遗忘最少，其次是最先记忆的材料，遗忘最多的是中间部分。根据遗忘的规律，我们可以采用以下对策来提高记忆的效果。

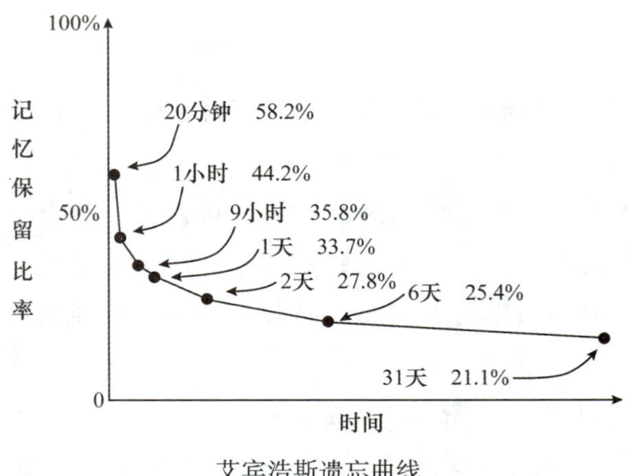

艾宾浩斯遗忘曲线

1. 心理方法

（1）积极暗示法。一些同学之所以感觉记忆力不佳，是由于对自己的记忆力缺乏自信。在面对一个要记忆的材料时，这些同学常常想："多难记啊！"这种想法是记忆的最大障碍。凡记忆力强的人，都是对自己的记忆充满信心的人。要想树立起这种信心就要进行积极的自我暗示，要经常在心中默念："我一定能记住！"当我们对能否记住缺乏信心时，也可以回忆自己过去的成功经验，如"我曾在全班各科考试成绩排前五名""我×岁的时候就能背许多诗词名句"。当这些过去良好的记忆形象再次浮现时，会增强我们"一定能记住"的信心。当然，仅仅靠这种自我暗示是不够的，必须结合其他方法来增强记忆的成功率，而成功率的提升又会增强自我暗示的效果。

（2）精细回忆法。我们在平时的学习和生活中，识记了很多东西，却很少去回忆。识记和回忆之间的不平衡，会使我们的记忆变得模糊。经常回忆，回忆得尽可能精细，是锻炼记忆力的好方法。比如，回忆一间非常熟悉的房间，想一想房间里都有什么，什么家具都摆在什么位置，墙上挂有哪些装饰品，电灯开关在什么地方等，要回忆得尽量详细。当再次回到房间时，检查一下遗漏了什么。

（3）奇特联想法。联想是促进记忆的一种方式。比如，我们遇到一个生字：咩。该字由口和羊组成，口即嘴，羊的嘴，除了吃草，还会叫。羊怎么叫？"咩……"字音出来了，字义也知道了。咩，羊叫的声音。奇特联想是联想的一种。比如，要记住"火车、河流、风筝、大炮、鸭梨、黄狗、闪电、街道、松树、高粱"等十个词，可以形成如下奇特联想：火车在河流上奔驰，河流上飘来一只大风筝，风筝上架着一门大炮，大炮打出来一个鸭梨，鸭梨打进黄狗的嘴里，黄狗跑起来像一道闪电，它迅速地跑过街道，来到一棵松树边，看见那儿只长着一株高粱。

2. 学习方法

（1）注意集中。记忆时只要聚精会神、专心致志，排除杂念和外界干扰，大脑皮层就会留下深刻的记忆痕迹而不容易遗忘。如果精神涣散、一心二用，就会大大降低记忆效率。

（2）兴趣浓厚。如果感觉学习材料、知识对象索然无味，即使花再多时间，也难以记住。

（3）理解记忆。理解是记忆的基础。只有理解的东西才能记得牢、记得久，仅靠死记硬背，则不容易记得住。对于重要的学习内容，如果能做到理解和背诵相结合，记忆效果会更好。

（4）适当的过度学习。即对学习材料在记住的基础上，多记几遍，达到熟记、牢记的程度。

（5）及时复习。对刚学过的知识，趁热打铁，及时温习巩固，是强化记忆痕迹、防止遗忘的有效手段。

（6）视听结合。可以同时利用语言功能和视觉、听觉器官的功能来强化记忆，这远比单一背诵效果好得多。

（7）多种手段。根据情况，灵活运用分类记忆、图表记忆，编提纲、做笔记、写卡片等记忆方法，均能增强记忆力。

（8）合理运用时间。生命的过程由时间组成，管理不好时间就是浪费生命。合理运用时间能使我们的学习事半功倍。例如，记忆的最佳时间一般是上午 9—11 时、下午 3—4 时、晚上 7—10 时。利用上述时间段记忆难记的学习材料的效果较好。

资料卡片

著名管理学家科维提出了一个时间管理理论，他把工作按照重要和紧急两个维度进行划分，分为四个“象限”：既紧急又重要、重要但不紧急、紧急但不重要、既不紧急也不重要。这就是关于时间管理的“四象限法则”。

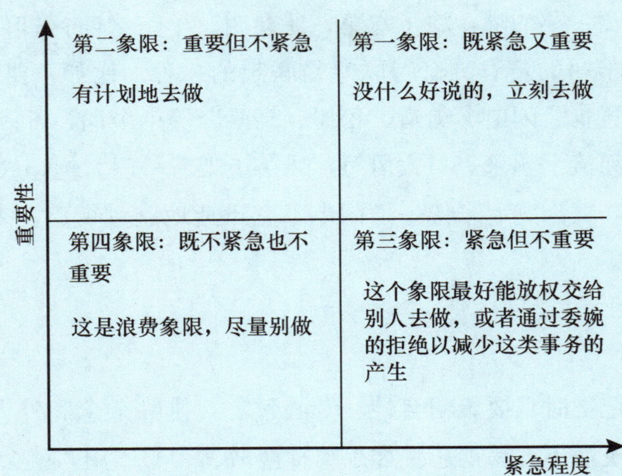

四象限法则

第一象限是紧急而重要的事情，这一类事情具有时间的紧迫性和影响的重要性，无法回避也不能拖延，必须优先解决。比如去上课或参加面试。

第二象限不具有时间上的紧迫性，但是，它具有重大的影响。比如我们职校学生的等级工考核。为了顺利通过考核，我们需要从现在开始就做好学习计划、技能准备等，以保证毕业考核取得好成绩。

注意，要尽可能地把时间花在重要但不紧急（第二象限）的事情上，这样才能减少重要且紧急（第一象限）的工作量。

第三象限包含的事件是那些紧急但不重要的事情，因此这一象限的事件具有很大的欺骗性。很多人认识上有误区，认为紧急的事情都显得重要。实际上，像无谓的电话、开会、附和别人期望的事等事件都不重要。这些不重要的事件往往因为它紧急，就会占据人们的很多宝贵时间。

第四象限的事件大多是些琐碎的杂事，没有时间的紧迫性，也没有任何的重要性。比如，上网、闲聊的时间可以按自己的需要自由安排。

管理时间的秘诀就是：有条理地强制自己关注那些重要的事情，抑制住对紧急事情的冲动。人类天生喜欢关注那些需要立即回应的事情，比如手机响了马上接听，但是对那些重要的事情都会拖延到迫不得已时才会去管，比如完成作业。我们需要把这两种情况进行反转，形成正确的时间观念，提高学习、工作的效率。

课堂活动

时间是最公平的，但从时间所获得的收益，每个人差异极大。请用一张长50厘米、宽5厘米的纸条代表你一天的24小时，请回顾你是怎样度过每一天的。

（1）在纸条上标明你一天的活动内容，比如上课、吃饭、睡觉、运动、看电视……。

（2）撕去你花在睡觉、娱乐、运动……的时间。

（3）看看自己手中还剩下多长的纸条，想一想对剩下的纸条你想要怎么安排。

（4）在撕纸条的过程中，你有什么想法?

（5）尝试制定自己的最佳时间安排表，分配好学习、工作、娱乐、休息等时间。

（6）思考如何利用好每天的24小时，通过有效的时间管理达到最好的学习效果，做时间的主人。

（9）科学用脑。在保证营养、积极休息、体育锻炼等保养大脑措施的基础上，科学用脑，防止过度疲劳，保持积极乐观的情绪，能大大提高大脑的工作效率。

四、提高思维品质

思维能力既是学习的一种结果，也是学习质量和学习效率的保障。因此，我们必须在学习中注意提高思维的品质。

1. 思维的敏捷性

思维的敏捷性表现为思考问题的快速灵活，善于迅速和准确地做出决定、解决问题。培养敏捷的思维应注意：

（1）熟练掌握基础知识和基本技能，熟能生巧。

（2）课堂听讲、超前思维，抢在老师讲解之前思考，把课堂接收知识的过程变成思维训练的过程。

（3）定时完成作业，有意识地限定时间完成学习任务。

2. 思维的深刻性

思维的深刻性表现为能深刻理解概念，分析问题周密，善于抓住事物的本质和规律。培养思维的深刻性应注意：

（1）追根究底，凡事都要去问为什么，坚决摒弃死记硬背。

（2）善于研究，把研究成果写成小论文，养成深入钻研的习惯。

3. 思维的整体性

思维的整体性指考虑问题能从整体出发，精细地把握局部，能很好地处理整体和局部关系。培养思维的整体性应注意：

（1）站在系统的高度学习知识，注重知识的整体结构，经常进行知识总结。

（2）寻找新旧知识的联系与区别，挖掘共性，分离个性，在比较中学习新知识。

（3）注重知识的纵横联系，在融会贯通中运用。只有运用，知识才会形成一个整体，才能转化为解决问题的思维能力。

五、培养学习能力

1. 整体学习法与部分学习法

整体学习法是指将学习材料作为一个整体来学习。学习过程中，将材料从头至尾反复学习，以获得对材料的总体印象和了解，并进而了解一些较为具体的内容。

部分学习法是指将学习材料分成几个部分或几个具体的概念，每次集中学习其中一部分或一个具体概念。对每个具体的部分或概念要根据其难易程度的不同，具体安排学习时间或次数。

以上两种方法各有利弊。整体学习法能较好地把握学习材料的全貌，而部分学习法则能较好地掌握学习材料的具体部分。因此，我们可以将二者结合使用，采取“整体—部分—整体”的方法。具体做法是：

(1) 采用整体学习法，对所学材料有一个大概的了解，在头脑中形成一个较为清晰的知识轮廓。

(2) 采用部分学习法，对学习材料实行“各个击破”，并重点攻克其中较难或较重要的问题。

(3) 再采用整体学习法，将已学习过的材料作为一个整体重新复习一遍，将各部分的具体内容联系起来，在头脑中形成一个更为清晰全面的知识轮廓。

2. 学会读书

(1) 读书的方法。从小学到现在，我们读了不少书，掌握了不少知识，但究竟有没有真正掌握科学的读书方法呢？实际上，读书方法也需要学习，而非天生就会的。

读书方法要根据读书目的而定。要读的书可以分为三类：稍微浏览的书，浅尝品味的书，深入研究的书。

无论业余书籍还是专业书籍，都可以分为这三类。毫无疑问，本专业的基础知识必须仔细学习，而与本专业有关的一些书籍文章则不必全都费心认真研读，有的可以稍稍认真阅读，而有的只需浏览一下，做一个大概的了解即可。

(2) 做读书笔记。俗话说：“好记性不如烂笔头。”这是很有用的一句话，它向我们揭示了做读书笔记的重要性。

做读书笔记的方法有多种，个人可以根据自己的喜好与习惯选择其中的一种或几种来使用。一般来讲，记笔记有以下几种方法：做眉批，做摘录，写提要以及写心得。眉批式笔记即边读边将自己的看法写在书眉的空白处，这种方法只适于阅读属于自己的书。摘录式是指摘录书中重要的句子、段落。提要式是在通读全书之后对书中内容做一个概要记录，一般是用自己的话总结全书的内容，有时也可以引用书中的段落作为对本书的概括。心得式指对一本书的感受与心得，也可以记下对书中内容的疑问以及不同的见解。

(3) 速读法。在书海中畅游，只按一般的读书方法慢吞吞地读是很困难的。作为现代人应掌握速读的方法，以便在较短的时间内获得较多的信息。速读过程中要注意以下三点：

1) 眼动。阅读速度慢的人往往是逐字反馈，有时视线还会离开书页。为做到速读，就须克服上述缺点，使视线有规律地在较长的一组词组上面停顿，从而均匀地扫过书页。

2）使用视力引导工具。阅读过程中为使注意力集中在所读内容上，可以使用视力引导工具，如铅笔、卡片等，让引导工具在所阅读的内容下面缓慢而均速地移动，使眼睛能找到适当的词组，以加快阅读速度。

3）找关键词和关键句。阅读中注意寻找所读内容的关键词和关键句，这可以加快阅读的速度并提高理解能力。

课堂活动

用5分钟浏览一份报纸（可能有几十版），然后向同学介绍这份报纸的主要内容。由听讲的同学在认真阅读了这份报纸后，对你的介绍质量进行评价。（可以两个同学结成一对，同时进行。）

3. 培养自学能力

我们在校学习的时间很短，在短短的几年时间里掌握本专业的所有知识、技能是不可能的，更何况知识、技能还在不断更新、发展。所以，要真正掌握好专业知识和技能，并跟上本专业的发展，就必须学会自学。

自学的首要任务是确定自学的目标。我们可以问自己："我为什么要自学？是为了跟上本专业的发展，以适应工作的需要？抑或是从自己的长远和全面的利益出发进一步学习本专业的知识技能，以适应社会潮流？"自学的目标有许多，只有明确了自学目标之后，才能根据既定目标选择自学的内容和具体的方法。下一步该做的就是制订较为详细的自学计划，明确自学内容、进程，以及具体的学习时间安排等。

自学并不排除寻求老师的指点。在老师的指点下，我们可以少走一些弯路。另外，我们应在可能的情况下寻求学习伙伴，这样可以互相帮助、互相促进，提高自学的效果。

贵在坚持同样十分重要。自学可能会受到各种因素的干扰，包括我们自身的惰性等因素。因此，为使自学达到预定的目的，就必须约束自己，坚持不懈。

第二节　激发学习动机

动机是推动人从事某种活动，并朝一个方向前进的内部动力。通俗地说，动机就是人们基于某种需要决定做某件事的念头。所谓学习动机，就是我们进行学习活动并想实现一定目标的内在动力——这是最重要的影响学习效率的非智力因素。比如，一个同学立志想要成为一名优秀的技术工人，他就会一心一意地学习，采用各种合理有效的学习方法，如果遇到困难，就会自己主动想办法克服困难；相反，另一个同学如果没有这个志向，就会应付学校的功课，被动学习，得过且过，一旦遭遇困难，就会退缩。这两个同学学习结果的差异可想而知，而导致这种差异的原因就是学习动机。

一、内在动机和外在动机

引起动机的内在条件是需要，引起动机的外在条件是诱因。比如，我们学习驾驶，如果是因为我们非常喜欢驾驶，这种发自于兴趣爱好的内在需要就是内在动机；如果是因为我们即将要应聘的新岗位对驾驶技能有要求，这个外部因素就是我们学车的外在动机。

学习动机也有外在动机和内在动机之分。外在动机指受外在环境因素影响而形成的学习动机。比如，有的同学努力学习是为了得到家长、老师或同学的肯定与赞扬，或者是为了避免受到惩罚，他的学习动机不在学习活动本身，而在学习活动以外。内在动机是因个体内在需求而产生的学习动机。比如，我们的兴趣爱好、好奇心和求知欲、自我提高的目标等，都会激励我们对学习的主动性，是一种自发的学习行为。

一般说来，内在动机比外在动机能够更持久地推动我们的学习。在学习的过程中，我们需要更多地激发学习的内在动机，或将外在动机转化为内在动机。

资料卡片

心理学上有一个重要的名词叫作“德西效应”，它的由来是心理学家爱德华·德西曾进行过的一次著名实验。

实验中，德西随机抽调一些学生独自解答一些有趣的智力难题。实验的第一阶段，他将学生分为两个组，一组学生在解题成功后都没有奖励，二组学生解题成功后会得到一定的奖励。实验的第二阶段，所有实验组的学生每完成一个难题后，就都能得到奖励。实验的第三阶段，取消所有奖励，只是增加了完成题目后“每个学生想做什么就做什么的”自由休息时间。德西发现，开始就没有奖励的一组学生在休息时间更愿意继续解题，而开始就有奖励机制的二组学生在休息时间继续解题的热情衰减得很快。

德西效应说明了人们从事一项活动的积极性与动机来源之间的关系，就是当内在动机越强烈时，学习者学习的热情越高、持久性越强，学习效果就越好。所以说，学习的内在动机才是最长久的内驱力。我们喜欢什么，决定了我们愿意在这项活动中投入更多的时间和精力，成果就是对我们付出的最好奖励，困难反而会成为激发我们努力奋斗的更加强大的动力；相反，那些纯粹由外界施加给个人的诱惑、压力所引发的动机，其效果难以长久而且并不见得好。一旦这种外界的诱惑或压力消失，则动机会随之消失，我们甚至还会有如释重负的感觉。

二、缺失性需求和发展性需求

任何动机的产生，无论内在的还是外部的，都是基于人的需求。这种需求越是强烈，所激发的动机就越强烈。换句话说，动机的强弱随需求的强弱而增强或衰减。为此，心理学家马斯洛专门从需求的角度，研究了动机的产生和变化。马斯洛认为，人的需求由以下五个等级构成：

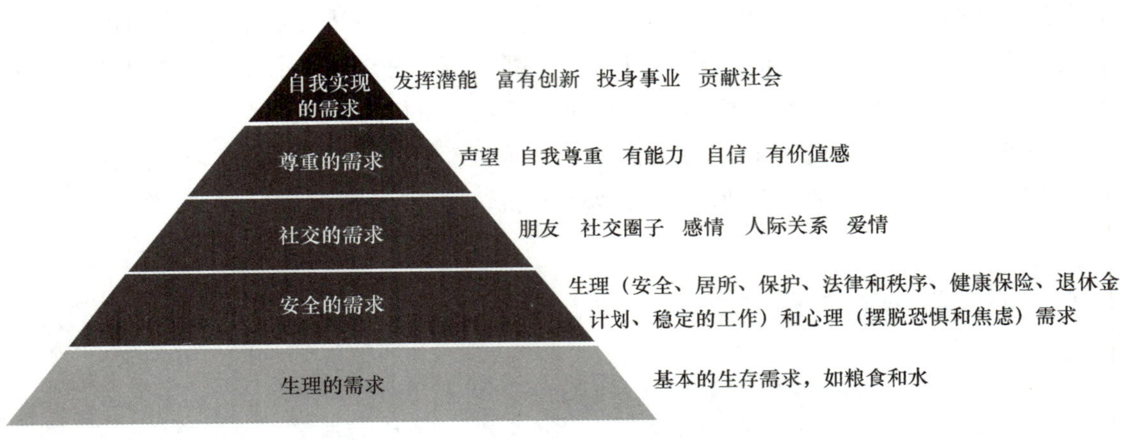

马斯洛的需求层次理论

马斯洛认为这五种需求都是人的最基本的需求。这些需求都是天生的、与生俱来的，它们构成不同的等级或水平，并成为激励和指引个体行为的力量。需求的层次越低，它的力量越强，潜力越大。随着需求层次的上升，需求的力量相应减弱。只有低级的需求得到满足，才能有效追求更高一级的需求，高级的需求才显出有效的激励作用。

马斯洛的需求层次理论得到了社会的公认。后来的学者在他的理论基础上，将这五个等级的需求分为两类，即缺失性需求和发展性需求。生理的需求、安全的需求、社交的需求是每个人都不能缺少的，如果缺少了，就会引发生存危机甚至无法生存，所以其对人的动机激发强度最大；而尊重的需求和自我实现的需求，是人基于基本需求得到满足后继续追求更加美满的生活而产生的需求，即便缺少也不至影响一个人正常的社会生活，所以是发展性需求。发展性需求的强度因人而异，无法进行横向比较；但缺失性需求则是刚性的，是可以横向比较的。就学习而言，满足缺失性需求是第一目标，但同时为发展性需求奠定了基础。学习越扎实，基础就越扎实，未来的生存与发展就越能得到保障。

资料卡片

心理学家约翰·威廉·阿特金森在1963年提出了具有广泛影响的成就动机理论。

这个理论的要点是：每个人都有成就的需求，只是这种需求的强度各不相同。对于高成就需求者来说，他们追求的是在争取成功的过程中克服困难、解决难题、努力奋斗的乐趣，以及成功之后的个人的成就感。他们并不看重成功所带来的物质利益或者社会奖励。这种高成就需求者有三个主要特点：

第一，喜欢设立具有适度挑战性的目标，不喜欢凭运气获得的成功，不喜欢接受那些在他们看来特别容易或特别困难的工作任务。

第二，选择目标时会回避明显难以胜任的难度，但会选择可能获得成功的最艰巨的挑战。对他们而言，当成败可能性均等时，才是一种能从自身的奋斗中体验成功的喜悦与满足的最佳机会。

第三，喜欢接受多少能立即给予反馈的任务，因为目标对于他们来说非常重要，所以他们希望得到有关工作绩效的及时明确的反馈信息，从而了解自己是否有所进步。

成就需求激发的显然是内部动机。这对我们学习动机的激发非常有效，因为学生在校的学习活动非常符合成就动机理论。教师会因材施教，学生在正确自我意识的指导下会正确地评估自己的学习能力、制定符合自己能力水平的学习目标。这样，我们就可以从学习本身获得需求的满足和足够的学习动力。从长远看，既能满足未来社会生活中的缺失性需求，又能满足自身的发展性需求。

三、激发内在学习动机

内在动机是促进我们采取有效学习行为的内在原动力，下列策略可以有效激发我们的内在学习动机。

1. 提高自我效能

自我效能是个体对自己能否在一定水平上完成某一活动所具有的判断能力、信念或主体的自我把握与感受。简言之，就是个体对自己达成目标的能力的判断和信念。就像智力水平与技能水平相同的两个人，在同一任务环境中，为什么会有不同的成就呢？因为他们具有不同的自我效能。自我效能主要可以从以下两个方面获得。

（1）尝试挑战性的任务，体验成功的经验。所谓挑战性任务是指有一定难度，但经过个人努力能够完成的任务，也就是“跳一跳可以把果子摘下来”的任务。远大宏伟的目标，因为迟迟实现不了，会让我们产生挫败感，特别是反复的失败会削弱我们的自我效能；简单容易的任务，因为太过容易实现，也不能让我们产生成就感。而接受挑战性任务是一种进取性行为，这种通过加倍的努力克服困难而取得成功的行为可以激发个体的动机水平，并且通过多次成功可以建立高自我效能。

资料卡片

李白悟到“只要功夫深，铁杵磨成针”的道理，他成了诗之仙，文飞剑舞。

司马迁懂得生死如鸿毛、如泰山，沿着泰山攀爬，才能成就大业。他完成了那部伟大的《史记》，汗青留名。

爱迪生仅研制灯泡就失败了 3 000 多次。然而，他并没有放弃，宁愿“在大海中捞针”，也要不断尝试。最终，他成了发明大王，他的名字同“光明”刻在了一起。

库缇斯，仅有上半身，当你看到他灵巧地“行走”到演讲台上畅谈自己的精彩人生时，你会知道一个坚强、执着的励志大师是可以这样成功的。

古今中外、名人志士的经历都在告诉我们：成功就是坚持到底。路是人一步一步走出来的，没有比脚更长的路。坚持沿着自己的路走下去，便会有意想不到的收获、成长。

（2）观察他人行为，获得替代性经验。榜样的示范作用对我们会有比较显著的影响，有助于培养我们的自我效能感。比如，我们会倾向于观察与我们能力水平相当的学习伙伴，并把他作为自己学习的榜样，若他在一项任务上能够成功，则认为自己也可能完成同样的任务，从而增强成功信念。这样的比较让我们获得一种替代性经验。特别是在我们不确定自己的能力水平或在相关经验甚少的情况下，获得这种替代性经验即榜样示范能够更有力地发展我们的自我效能。

2. 克服习得性无能

所谓习得性无能是指个人经历了失败与挫折后，面临问题时产生的无能为力的心理状态。

我们在学业方面习得性无能的表现有：认知上对自己的学习能力产生怀疑，认为自己难以应付相应的学习任务；情感上表现为自暴自弃、心灰意冷、厌学畏学，产生学习焦虑或其他消极情绪；行为上逃避学习，表现为逃课、逃学、课堂无效学习、抄袭作业等。

学业习得性无能是个体在经常性的学习失败情境中习得的行为方式，其动机的形成大致有两条途径：一是学习上的失败常常招致老师、家长的抱怨批评，这类经常性的失败信息会引起个体消极的情感体验，比如感到灰心、沮丧、自卑。个体为维持自尊便会产生消极的防御机制，比如逃避学习。二是个体总是将失败的原因归因于自我学习能力的欠缺，形成消极的自我信念及自我概念。

事实上，我们大多数人都曾有过或多或少的学习失败经历，也曾或多或少地表现出习得性无能的倾向，怎么解决这个问题呢？

（1）重视目标实现的过程而非结果。在追求目标的过程中，有些人过于看重结果，认为结果的好坏是判断个人能力的唯一依据，对成功的渴望和害怕失败的心理让他们在学习上容易患得患失。这种表现为目标取向的同学把困难和失败看作对自身能力的威胁，因此尽量回避。另一类人则更加重视目标实现的过程，他们更关注在这个过程中自身的收获和提高，相信成功可以进一步激励自我的实现，而失败也会为自己提供经验教训，促进新的学习技能的获得。这种表现为自主目标取向的同学把困难看作一种挑战性的学习机会，能够以积极的态度和行动来解决困难。

（2）强化自我评价，淡化他人评价。专注于自我，以自我为参照的发展性评价，可以发现自己的进步与弱点。不恰当地与他人比较会破坏自己的心态，分散自己的注意力。要专注于自我的学习和工作，熟悉自己的强项与弱项，集中精力，取长补短，在相对有限的时间内努力发展自己。

资料卡片

马友友，一位享誉国际的大提琴演奏家。

从小，马友友的父母把他送到数学培训班，为把他培养成一位出色的经济师做着准备。可是马友友的兴趣并不在数学，他时常逃学去听音乐，学拉大提琴。结果不难想象，他的数学成绩下降得很快。不久，他的父母发现了这个问题，把马友友叫到身边来说："以前的事情只要你改正就行了，以后你一定要用心学好数学！"

"为什么一定要学习数学？"马友友反抗说，"我并不喜欢数学！"

"你只有学好数学，才能和我们一样做出色的经济师，甚至可以比我们更出色，成为一位伟大的数学家！"马友友的父母告诉他说。

"为什么一定要和你们走同一条路呢？我觉得音乐是最能让我开心的东西，而且我认为我能把自己喜欢的事情做得更好，那样我会更开心！"马友友坚定地说出了自己的想法。

不久后，他的父母终于被他的坚持所打动，替他在一个音乐培训班报了名。

任何人一旦做起自己真正喜欢的事情，进步都是特别快的。到中学毕业的时候，马友友就在曼哈顿得了全市学生音乐会的一等奖，并前往哈佛大学就读。

在之后的许多年里，马友友在音乐路上不断探索、一路向前，多次获得唐大卫奖和格莱美奖，成为一位享誉全球的音乐大师。

成功后的马友友无比感慨地说："自己的人生只有一个主人，那就是我们自己，行走在自己铺设的人生轨迹上，一定是最开心最能取得成就的！"

3. 学习合理归因

归因是指人们对他人或自己行为原因的推论过程，即对行为过程的因果解释和推论。归因一般分为两种情形：一方面是在成功的情境下，我们将成功的原因归因于自身的能力、持久的努力等内部的、稳定的因素，可以增强我们对成功的期望和与自尊相联系的积极情感，帮助我们取得关键进步，继续趋向成就任务。另一方面是在失败的情境下，我们不是简单地将失败完全归因于自身的弱项，同时将当时的心境、临时的努力等不稳定因素考虑进去，从而降低消极情感，消除自卑心理，提高学习动机，对成功继续保持高的期望。

对每个试图成功达到自己设定目标的人来说，失败是不可避免的。但对于失败的原因，如果我们倾向归因于自身能力的不足，比如“我就是太笨了，这么简单的问题都想不出来”，就容易使我们产生灰心自卑的心理。要知道，成功或失败不单单是一个或几个因素的结果，它是综合多种因素的产物。在归因问题上，我们若总是归因于自身能力的不足，会削弱我们的学习动机，造成消极的情绪和不良的学习行为。

合理的归因可以提高自信与坚持力，而错误的归因会增加自卑和自弃。因此，对成功或失败进行正确全面的归因，可以增强成功的期望。

课堂活动

请据实逐一对下面测试的每个问题做“是”或“否”的回答。选“是”记1分，选“否”记0分。

(1) 如果别人不督促，你极少主动学习。

(2) 你一读书就觉得疲劳与厌烦，就想睡觉。

(3) 当你读书时需要很长的时间才能提起精神。

(4) 除了老师指定的作业外，你不想再多看书。

(5) 在学习中遇到不懂的知识，你根本不想设法弄懂它。

(6) 你常想自己不用花太多的时间，成绩也会超过别人。

(7) 你迫切希望在短时间内就能大幅度提高自己的学习成绩。

(8) 你常为短时间内成绩没能提高而烦恼不已。

(9) 为了及时完成某项作业，你宁愿废寝忘食、通宵达旦。

(10) 为了完成学业，你放弃了许多你感兴趣的活动，如体育锻炼、看电影与郊游等。

(11) 你觉得读书没意思，想去找个工作做。

(12) 你常认为课本上的基础知识没啥好学的，只有看高深的理论、读大部头作品才带劲。

(13) 你平时只在喜欢的科目上狠下功夫，对不喜欢的科目则放任自流。

(14) 你花在课外读物上的时间比花在教科书上的时间要多得多。

(15) 你把自己的学习时间平均分配在各科上。

(16) 你给自己定下的学习目标，多数因做不到而不得不放弃。

(17) 你几乎毫不费力就实现了你的学习目标。

(18) 你会同时为实现好几个学习目标而忙得焦头烂额。

(19) 为了应付每天的学习任务，你已经感到力不从心。

(20) 为了尽快实现一个大目标，你不再给自己制定循序渐进的小目标，而是不拘小节，期待一次获得大的成功。

如果你对大多数题目持认同的态度，说明你在相应的方面多少存在一些不够正确的认识，或存在一定程度的困扰。

总分为 14～20 分，说明有较严重的问题和困扰，必须及时进行调整。

总分为 6～13 分，说明有一定的问题和困扰，要进行适当的调整。

总分为 0～5 分，说明没有什么问题或有少许问题，稍加注意就是了。

第三节　解决学习问题

任何学习想要获得理想的收获都不是一帆风顺的，再优秀刻苦的同学都会遇到各种各样的问题、困难和烦恼。尽管这些问题、困难和烦恼千差万别，但从学习心理的角度看，其内在的因素大体相似，比如注意力分散、意志薄弱、心理疲劳等。

一、注意力分散

注意力集中是学习的先决条件，可以让我们在学习的过程中排除干扰，使整个心思都指向要学习的内容，并保证最清晰、完善、准确的思维，直到实现学习的目的。

注意力分散的主要表现：对学习活动感到厌烦，对学习任务不感兴趣，思维活动很难集中到学习内容上，或维持有效思维的时间很短。例如，上课时心神不定，不知自己在想什么，也不知老师在讲什么，无法把精力集中到课堂上来。当环境有干扰时，更加容易分心，无法正常学习。我们可以采用以下辅助手段来解决注意力分散的问题。

1. 应用期限效果集中注意力

首先，设定一个学习期限，规定自己在期限内完成相应的学习任务。当然，这个期限的时间不能太长，要和自己的自控能力相匹配。其次，把一个学习任务分解成几个模块，每个模块之间设置几个自己感兴趣的项目来放松心情，这样在学习模块内容时就可以防止心理疲劳的出现。

2. 应用报酬效果集中注意力

首先，可以给自己定个奖赏，作为完成一定学习任务的报酬。这个报酬，可以依自己的需要和兴趣订立。其次，如果不能完成相应的学习任务，也可以设定一定的处罚从反面来激励自己。

3. 应用愉快经验集中注意力

我们如果在学习上体验到成功的滋味后，便可拥有愉快的经验，这种愉快的心理体验会减轻我们对学习内容的心理抵触，从而愉快接受新的学习任务。

4. 善于用心理因素集中注意力

首先，把没处理好的杂事记在备忘录上，心理上就不会老想着那些事情，就会感到轻松。其次，暂时抛开让自己心烦的人际关系以提高注意力。最后，摒弃依赖心理，自己能够独立做的事，一定要自己去做，如果在做某件事时，总想着一定会有人来帮忙的话，就不会尽全力去完成它，也就不会有持久的注意力。

5. 利用代换效果集中注意力

首先，以其他事情来缓解精神。无法集中精神时，可以先做一些简单的事情，借此来消除杂念，稳定情绪，从而集中注意力。其次，在学习之前做好各种准备，排除杂念，帮助集中精神。最后，先做喜欢的事情并彻底做完，则容易对不喜欢的事情集中精神。

6. 利用多种机能协调集中注意力

学习时，手、眼、口全部动起来，则易于抑制疲劳，提高学习效率，增进记忆能力。

二、意志薄弱

对一些同学来说，学习是一件艰苦的事情，有许多难以逾越的“高山”和“沟壑”，如果没有一定的意志力，就不可能战胜学习中的种种困难。意志薄弱是我们学习道路上的一个重大障碍。

意志薄弱的主要表现是学习中碰到困难时垂头丧气，甚至一蹶不振，不能为之刻苦努力。比如，上课不是走神，就是做小动作或是睡大觉；课后不完成作业，一拿起书本头就疼；有的同学经常立志，经常下决心，但是到情绪不好时，或是遇到挫折时，则又灰心失望，什么也不愿意学；严重的，干脆认为自己不是读书的料，不愿读书，甚至产生厌学情绪。要培养良好的学习意志品质，可以从以下几个方面入手。

1. 明确学习目标，坚定目标的正确性

作为学生，要懂得年轻时如果不好好学习，将来就无法适应日益发展的社会甚至被淘汰。学习知识、掌握技能是个艰苦的过程，如果不付出艰辛的劳动，不刻苦钻研，就很难有所收获。有了明确的目标和对目标实现过程的认识，我们就有了前进的方向，即使前方有许多艰难，也会扬起风帆，不断前进。

2. 要养成良好的学习习惯，做到“今日事，今日毕”

按时完成当天的学习任务，养成习惯，就会形成坚韧的毅力。

3. 培养自己广博的兴趣

对学习感兴趣的同学，总会看到他们勤奋学习的身影；对某一学科感兴趣的同学，也总是不顾一切地拼搏、学习。因此，要培养自己对学习的兴趣，把学习当成一件愉快、活跃身心的事情，把学习兴趣同锻炼坚强的意志品质结合起来。

4. 经常督促自己，提醒自己

当在学习上松劲时，要时常告诫自己，这一点困难不算什么，我一定能坚持下去，我一定能成功，我一定能取得好成绩，再坚持一下，一切就会改变。

5. 向周围有毅力的同学学习

榜样的力量是无穷的。身边其他同学能做到的事，我为什么就不能做到？这样想着，就会自我营造一种良好氛围，有助于自己在学习上培养出坚强的意志力。

三、心理疲劳

1. 心理疲劳的含义

人的劳动分为体力劳动和脑力劳动两大类。体力劳动主要是以肌肉活动为主，脑力劳动则以大脑神经活动为主。当然，体力劳动与脑力劳动不能分开，二者有密切的联系。肌肉活动是在大脑神经活动指挥下进行的，脑力劳动也不完全排斥肌肉活动的参与。体力劳动偏重生理活动，而脑力劳动偏重心理活动。

体力劳动在一定条件下会产生疲劳，主要表现为肌肉酸痛、体乏无力等，称为生理疲劳。脑力劳动在一定条件下也会产生疲劳，主要表现为厌倦、心情烦躁、注意力涣散、思

维迟钝、反应迟缓，称为心理疲劳。心理疲劳不仅会降低学习与工作效率，而且对心理健康也有一定的影响。长期的心理疲劳，使人心情抑郁、百无聊赖、心烦意乱、精疲力竭，进而引起心因性疾病，如焦虑，表现为头痛、头晕、记忆力不好、失眠、怕光等。

2. 心理疲劳的原因

产生心理疲劳的原因主要有：

（1）动力因素。学习目的不够明确，学习动机不够强烈，平时对自己要求不高，或缺乏兴趣，感到学习枯燥无味。

（2）方法因素。学习不得法，机械地应用别人的方法或经验，同样对学习起干扰、阻碍作用。

（3）知识因素。继续学习时，感到基础不扎实，进而对新知识的学习构成阻碍。

（4）思维因素。习惯性思维会使思路固定、思想僵化，使人不能适应新要求。

（5）身心因素。长时间用脑过度造成身心疲惫，导致思维迟钝，效率降低，进而发展为信心不足、浅尝辄止、急于求成，以致打乱正常的学习进程。

3. 心理疲劳的调整

（1）科学地转换目标。由于人的精力有限，所以应当根据自己的素质、特长、性格等选择确定一个学习目标，经过一段实践，如果一旦发现所选的目标与自己不相适应就要尽快转换。

（2）及时进行反馈调节，克服知识障碍。如果钻研某一课题，有关的书读了一遍又一遍，可当解答问题时，又感到知识不足。这就需要带着问题回过头来重新梳理所学的知识，或学一点与这门学科有联系的相关知识。

（3）灵活思考，克服思维障碍。学习中思路要开阔，要学会举一反三。

（4）注意用脑卫生

1）适度用脑。脑不可不用，也不可过用。不用会使大脑懒惰甚至老化，但使用过度，又会“伤脑筋”，不利于人的身体健康。

2）保证睡眠，起居有规律。充足的睡眠是大脑健康运转的必要保证。作为学生，一般每天睡 7～8 小时为宜，若晚上睡眠不足，可在午休时间小睡一会儿，以补充睡眠。另外，还应注意起居有规律，要有基本固定的作息时间。当然，在某些特殊情况下，如复习迎考或周末，晚上可以多花一些时间学习。对青年学生来说，短短一段时间的起居不规律尚不会对大脑造成太大的影响，但若总是这样，则势必会产生不良影响。这个后果可能不会马上看到，但这种影响迟早会显示出其不利的一面，如造成思考能力下降、免疫功能下降等。

3）注意营养。营养对大脑来说是十分重要的，平衡全面的营养有利于大脑的健康。作为脑力消耗较多的学生，应在条件许可的情况下，摄入尽可能多的营养食物，并力求营养的均衡。

4）学会科学的休息方法。脑力劳动者最好采用活动休息的方式，即在一定的脑力耗费之后，做一些适度的运动，这样可以消除脑力疲劳，激活身心更好地投入学习。另外，在进行某种脑力劳动之后，可以采用“换脑筋”的积极的休息方式，如看一点儿与刚看过的内容截然不同的东西，或者看一些消遣性的书籍、听听音乐等。

四、马虎

不该答错的题答错了，不该看错的题目看错了，不该交错的作业交错了，不该写错的字写错了。有时心里总在提醒自己，千万别再马虎了，可不该错的时候还是错，不该马虎的事情还是马虎了。

1. 马虎不是小问题

马虎是一些同学学习中常见的问题，而且往往被忽视，认为是由“粗心”造成的小问题，只要细心一点就可以克服。其实，事情并不是这么简单。比如，有些马虎是多动症的必然结果。

多动症是由大脑功能失调引起的心理障碍性疾病，又称学习技能发育障碍，患者的一系列行为问题使其学习困难，主要表现有：

（1）注意力不集中，精神涣散，好做小动作，影响听课质量。

（2）自控能力差，爱冲动，情绪不稳，性情急躁，不合群，在同学中处于孤立地位，天长日久对学习失去兴趣。

（3）做事拖拉，缺乏时间、任务观念，作业不能按时完成，受到老师和父母的批评时，产生逆反心理，使学习更加困难。

（4）多动症患者存在阅读、书写和计算上的障碍，如经常写错字、丢字、顺序颠倒等。

2. 如何克服马虎的毛病

对多动症以外的马虎，我们也不能掉以轻心，平时注意纠正。

（1）了解自己马虎的原因，找出症结所在。如有的同学平常总是无法集中精神学习，漫不经心，丢三落四，长此以往，就会形成恶性循环，形成马虎的毛病。因此，学习的时候，就必须集中起全部精神，养成认真严肃的学习态度。

（2）养成认真检查的习惯。做完作业或答完试卷的时候，要在心里反复提醒自己，一定要认真检查每一道题，一定不要发生可以避免的错误。这样反复告诫自己、提醒自己，就能慢慢养成耐心细致的习惯，克服马虎毛病。

（3）自己每马虎一次，就惩罚自己一次，或把马虎的原因记下来，并在心里默念："我为什么马虎呢？马虎不是我的专利，它控制不了我，我一定能战胜它！"

（4）在日常生活中，从小事做起，认认真真对待每一件事，力争把每一件事情都做好。坚持下去，从而化解自己遇事急躁、慌张和粗心的毛病，最终养成良好的习惯。

五、学习方法不当

有的同学很刻苦、很勤奋，但成绩却不好。究其原因，很可能是没有掌握正确的学习方法。为此，建议做出如下改进。

1. 根据个性特点选择学习方法

每个人都有自己独特的个性，个性不同，学习方法亦应不同。性格外向的同学活泼好动，注意力转移快，思维敏捷，反应问题迅速，但坚持性差。因此，这类同学就不必强迫自己整天埋头学习，应用"交替学习法"，不断交换大脑优势兴奋中心，玩的时候开开心心，学的时候就"两耳不闻窗外事"，必要时用意志来约束自己。内向型的同学沉着稳重，感知事物细腻，思考问题有深度，学习认真并且能持久，但思路不宽，领会知识速度慢。应在发挥自己优势的同时，培养自己的发散性思维，开阔视野，拓宽思路，多与同学交流讨论。

2. 根据思维状态选择学习方法

人的思维状态在一天之中是有变化的，这些变化受时间、环境和情绪的影响，我们应根据变化特点，采取不同的学习方法。思维进入最佳学习状态时，就把最重要的功课或难题放在这个时间去思考、记忆。思维处在低潮时，可做浏览、整理笔记等工作。

3. 根据记忆方法的特点选择学习方法

记忆方法是多种多样的，或是机械记忆法，或是形象记忆法，或是理解记忆法，但不管哪种方法，不管采用什么形式记忆，只要能记得牢、效果好，就要加以利用。但是，如果记忆效果不佳，就应忍痛割爱，另择良法。

4. 根据不同学科选择学习方法

各门学科都有其独特的规律，都有其特定的学科结构。在学习时，要掌握各门学科的基本知识结构，要清楚各个结构有些什么内容，怎样把它们联系起来。总之，方法的选择要因学科而异。

5. 根据学期的阶段性选择学习方法

在教学秩序正常情况下，每个学期都有三个阶段：开学、期中、期末。不同的阶段有不同的学习要求、课程进展和难易程度，知识的深浅和多寡都不一样。因此，在不同阶段，学习方法应有所不同。开学阶段专业知识积累少，有较多的空余时间，可用来发展业余爱好，搞好课外阅读；期中阶段，应对半学期来所学知识进行一次复习巩固，以迎接期中考试，对业余爱好应有所限制；期末有大考，应全力以赴抓复习，但又要注意调节学习节奏。在各个阶段的学习中，应分清主次，做到层次分明，用功得当。

6. 根据老师讲课特点选择学习方法

在课堂教学中，老师的授课方式、课堂设计都带有个人特色。有些老师滔滔不绝，满堂讲解；有些老师启发引导，重实际训练。我们不能顺其自然，听个热闹，而是要跟上老师的思维，动脑筋听，既要理解知识，又注意领会老师讲课的思想方法和处理问题的方式，还应根据课堂实际，发挥主观能动性，该听时集中注意力，该记时及时记笔记，该思考时开动脑筋，该讨论时积极发言。

课堂活动

下面有10个问题，每个问题有三个可供选择的答案：A表示“是”，B表示“不一定”，C表示“否”。你平时怎么做的、怎么想的就怎么回答。

(1) 你学习的对象除了书本还是书本吗？

(2) 你对书本的观点、内容从来不加怀疑和批评吗？

(3) 除了小说等有趣的书外，你根本不看其他理论书吗？

(4) 你读书从来不做任何笔记吗？

(5) 你认为课堂上的基础知识没啥好学，只有看高深的大部头著作才过瘾吗？

(6) 除了学会运用公式定理，你还知道它们是如何推导的吗？

(7) 你能够经常使用各种工具书吗？

(8) 你能够见缝插针，利用点滴时间学习吗？

(9) 上课或自学时，你都能聚精会神吗？

(10) 你常找同学争论学习上的问题吗？

答案与说明：

第1、2、3、4、5题回答“C”的每题记10分，回答“B”的每题记5分，回答“A”的不计分；第6、7、8、9、10题回答“C”的不计分，回答“B”的每题记5分，回答“A”的每题记10分。最后计算总分。

总分在85分以上的，学习方法很好；

总分在65～85分的，学习方法好；

总分在45～64分的，学习方法一般；

总分在45分以下的，学习方法较差。

同学们，经过以上测试，你属于哪一类呢？

六、考试焦虑

曾经有一名运动员詹森，平时训练有素，实力雄厚，但一遇到重大的世界性比赛，就场场失误，总是与金牌擦肩而过。这就是体育比赛中有名的“詹森现象”。这种现象在考试中也经常出现：平时成绩不错，甚至名列前茅的同学，在考场上却发挥失常。这就是我们常说的“怯场”，心理学上称为考试焦虑。

考试焦虑是一种十分普遍的心理现象，如我们经常听有的同学说：“考试前好几个晚上都睡不着觉”，“一想到考试就心慌、害怕”等。

一般来讲，适度的焦虑会对我们产生一定的激励作用，使我们能够较好地发挥自己的水平，获得较为满意的成绩。但过度的考试焦虑则对学习有着极大的危害，甚至对人的身心健康造成潜在威胁。

对待考试焦虑我们可以做如下应对：

(1) 放下思想包袱，积极乐观对待考试。考试前，保持轻度兴奋，暗暗放松，跃跃欲试，心情稍有紧张而又常有愉快感。

(2) 按照考试要求，认真复习。扎实的知识、技能是减弱紧张程度、防止过度焦虑的基础。

(3) 劳逸结合，避免考前睡眠不足和疲劳过度。大脑长时间的工作会产生疲劳，使得对各种刺激产生的兴奋性大为降低，从而使人感到昏昏沉沉，无法在应考时集中注意力。

(4) 利用积极的自我暗示。考试中出现怯场时，最好的办法是转移注意、暂停回忆，还可以用自我暗示的方法进行自我心理调整。不断提醒自己，调节和控制自己的情绪，使之朝着正确的方向发展，如暗示自己一定会成功，不要紧张，或鼓励自己，坚持就是胜利。

（5）讲究考试方法。应试技巧首先就是要做到对考试心中有数。考前要对考试题型、解题思路、答题要点以及评分标准进行较为全面的了解，这样在考试中才能泰然答题。其次，在考试过程中要保持平静。为此，不妨在发试卷的前几分钟，闭目做几次深呼吸，排除一切杂念，只把心思放在考试上。发下试卷后，不要马上提笔就答，而应将试卷大体看一遍，了解清楚题量以及各题的难度等情况，以便分清轻重缓急，掌握好答题时间。最后，也是很重要的一点，就是在考试后不要过分关心考过题目的对错与否，特别是当后面还有考试时，应以全部精力准备后面的考试。只有这样，才能保持平静的心情，而不至于出现过多的考试焦虑情绪。

探究与体验

想象一下，你手里有一张足够大的白纸。现在，你的任务是把它折叠 51 次。那么，它有多高？

一个冰箱高？一层楼高？或者一栋摩天大厦那么高？不是，差太多了，这个高度超过了地球和太阳之间的距离。

一张纸折叠 51 次的高度如此惊人，但如果我们仅仅将 51 张白纸叠在一起呢？

1. 一张纸折叠 51 次的高度真的那么惊人吗？你能否用科学方法证明一下？

2. 怎样做，我们才有可能达到一个令自己都难以相信的高度？

第四章　与情绪共处

生活带给我们的感受是怎样的呢？应该是五味杂陈、色彩斑斓的吧。在与朋友聚会时，会感到兴奋和欢乐；在努力许久却未达成心愿时，会感到沮丧和难过；在有人对自己出言不逊时，会感到愤怒和厌恶；在获得荣誉和进步时，会感到得意与骄傲；在处于危险境遇时，会感到不安和恐惧。我们有喜有怒还有哀伤……，这些各种不同的感受都是我们的情绪。

所有的人都是情绪性的动物，表现或喜或悲，程度或强或弱。在某件事情已经过去了很久很久，久到你甚至忘了那是一件什么事情，但你忘不了当时这件事带给你的情绪感受。

有哲人说，如果能管理情绪的话，每个人都是智者。能管理情绪的人，比将军更将军，比国王更国王。学会如何更好地与情绪相处是我们成长道路上必修的功课。

第一节　理解自我情绪

我们都希望自己开开心心地生活，在我们和同学、朋友的交流中，祝福对方“天天开心”似乎也是很普遍的说法。但正如“月有阴晴圆缺”一样，我们每天或许都会遇上让自己不开心的事情。有些不开心我们会不由自主地表现出来，让别人觉察并问起：“你怎么了？为什么不开心？”而有些只有自己知道或者干脆自己也不知道是怎么回事。

一、什么是情绪

情绪指人们具有的以喜、怒、哀、惧为典型代表的心理体验，这种体验是人们对客观事物态度的一种感受和反应。

情绪具有肯定和否定的性质。能满足人的需要的事物会引起人的肯定性质的体验，如快乐、满意等，即是积极的情绪；不能满足人的需要的事物会引起人的否定性质的体验，如愤怒、憎恨、哀怨等，即是消极的情绪。与自我需要无关的事物，一般不会引发我们的情绪反应。不同的情绪会对我们的活动能力、自我认知及行为选择产生不同的影响。

资料卡片

有这样一个寓言故事：一只骆驼在沙漠中跋涉了很久很久。正午的太阳像一个大火球，晒得它又饿又渴，焦躁万分，一肚子火不知道往哪儿发。

这时，它的脚掌被一块玻璃碎片硌了一下，疲惫的骆驼顿时火冒三丈，抬起脚狠狠地将碎片踢了出去，却不小心将脚掌划开了一道深深的口子，鲜红的血液顿时染红了沙粒。

生气的骆驼一瘸一拐地走着，一路的血迹引来了空中的秃鹫。它们在骆驼上方的天空中高叫着、盘旋着。骆驼心里一惊，不顾自己的伤势狂奔起来，结果在沙漠上留下了一条长长的血痕。

当骆驼跑到沙漠边缘时，浓重的血腥味引来了附近的沙漠狼。最终，骆驼没能摆脱凶狠的沙漠狼，不一会儿，可怜的它就鲜血淋漓地倒在了地上。

临死前，它哀叹道："我为什么要跟一块小小的碎玻璃生气呢？"

事实上，并不是一块小小的碎玻璃让骆驼走上了绝路，而是在那个时刻骆驼的情绪影响了后续一系列的行为反应和环境变化。

1. 情绪的产生

人的情绪不是自发的，它的产生与各种刺激直接相关。生活中的人、事、物都会影响人的情绪。优美的歌声、欢乐的笑声、凄凉的哭声、萧瑟的雨声都会带给人情绪上的变化，这些外部的刺激带给人们的情绪反应可以说不胜枚举。比如，杜甫的"感时花溅泪，恨别鸟惊心"描写的就是一种忧伤、悲苦的情绪体验。当然，同样的外界刺激对不同的人来说，带来的情绪体验可能并不相同。比如，某地发生了强烈的地震和海啸，死了很多人，有的人感到恐惧，有的人感到悲悯，有的人可能会感到麻木。

并不是所有的情绪反应都起因于外部的刺激，有一些生理性的内在刺激也会引起人们的情绪反应，如突发疾病、长期难以治愈的疾病或者某些器官功能的失调等。还有一些内在的刺激是心理性的，如回忆、联想、想象等心理活动，也会使人产生不同的情绪。

人处于某种情绪状态时，个人是可以直接感觉得到的，而且这种情绪状态是纯粹主观的；别人固然可以通过察言观色去揣摩，但并不能直接地了解和感受，除非这种情绪以比较明显的行为表现出来，如精神不振、喜形于色等。

2. 情绪的表达

情绪状态下，人有一系列的生理变化与行为反应，而这种生理变化和行为反应往往是当事人自己所无法控制的。研究表明，人在愤怒时，呼吸每分钟可达 40～50 次（平静时每分钟 20 次左右）；突然惊恐时，呼吸会暂时中断；狂喜或悲痛时，呼吸会出现痉挛现象。当人在愤怒时，除去呼吸的变化，人的循环系统也会产生变化，如心跳加速、血压升高等。此外，当人感到焦虑、悲伤时，肠胃蠕动功能会明显下降，进而引起食欲衰退。

情绪可以通过面部表情表现出来。例如，愤怒时"怒目而视"，兴奋时"眉飞色舞"。

情绪可以通过肢体语言表现出来。例如，高兴时"捧腹大笑"，悔恨时"捶胸顿足"。

情绪还可以通过言语的声音状况表现出来。不同的情绪状态中，人的语言声调、速度、节奏等方面的表现是有变化的。例如，高亢、急促、快速的语调往往表示激动、兴奋等情绪，而低沉、缓慢的语调则往往表示悲伤、忧郁等情绪。

综上所述，人的情绪状况是可以通过观察人的各种外部变化来了解、体会的。

3. 情绪的意义

关于情绪的意义，从社会生活的角度看，情绪主要能从三个方面帮助我们。第一，与其他人交流感情（如婴儿不会说话也能成功交流）；第二，影响其他人对我们的态度；第三，帮助我们更好地做出适合自己的选择。

资料卡片

进化论的奠基者达尔文（1809—1882）在其经典著作《人与动物的感情表达》中认为：情绪能帮助动物适应环境。例如，狗在地盘被侵略的时候愤怒狂吠，让敌人认为它比实际上更具有攻击性。

达尔文认为，情绪大多有目的性，因此是自然选择的产物。为了生存，人类必须探索环境（好奇）、吐出不小心吃的异物（恶心）、建立社会关系（信任）、避免伤害（恐惧）、繁衍（爱）、战斗（愤怒）、寻求帮助（哭泣）、重复对自己有利的事（欢乐）。

达尔文认为，在原始人类的日常生活中，情绪可以让人类自动趋利避害，做出更利于生存的选择。例如，尽管愤怒看起来没什么好处，但可以让一个人的边界和权益被重视，使他人尊重甚至畏惧；羞耻和骄傲可以促使一个人维护自己的社会地位。

在心理学研究已经非常发达的今天，达尔文关于情绪意义的阐述依然是最为经典并被广泛公认的。结合达尔文的阐述，只要我们细细体会，情绪的这三种意义的内涵和现实作用就不难理解了。

二、激情、心境和应激

从情绪发生的强度、速度和持续时间看，心理学家归纳出激情、心境、应激三种基本状态。了解这三种状态可帮助我们更好地随时觉察和调节自己的情绪状态。

1. 激情

激情是一种强烈的、爆发式的、短暂的情绪状态，例如，激愤、暴怒、恐惧、狂喜、悲痛、绝望等。它的针对性十分明显，情境性很强，犹如狂风暴雨般地突然爆发，但持续的时间往往比较短暂。

积极的激情能激发人奋发向上，克服困难，取得卓越的成就。例如，跨栏运动员的激情迸发，才有可能取得破世界纪录的辉煌成绩；作家在某一段内容的场景描述中投入激情创作，才能写出激动人心、酣畅淋漓的作品，如毛泽东的“俱往矣，数风流人物，还看今朝”的激情豪迈，李白的“君不见黄河之水天上来，奔流到海不复回”的大气磅礴。

激情也有消极的作用，有时会产生很大的破坏性和危害性，它会使人的意识偏狭，分析问题能力受到抑制，自我控制能力减弱等。例如，激愤会使人丧失理智，做出令自己悔恨甚至痛苦一生的极端事情，甚至会酿成无可挽回的恶果。

资料卡片

2013 年 7 月 23 日 20 时 50 分许，在某市公交车站，两名驾车男子因停车与一名推着婴儿车的女子发生争执。过程中，男子韩某殴打女子，又将婴儿车内的女童摔在地上，导致女童严重受伤。两天后，受害女童因伤势严重，不幸死亡。

同车男子李某表示，感觉当时韩某发了狂，他下车劝架，一把没有抱住他，被韩某挣脱掉了。

在这起案件中，导致韩某做出如此有违人伦、常理的罪恶行为的原因，情绪失控是主要因素，在他碰到一个事件后，把心中不舒服的感觉放大，随即产生过激反应。

某心理危机干预中心主任认为，正常人对于妇女、儿童等弱势群体会有天然的怜悯反应，即使在争吵中，在并没有对自己造成伤害的情况下，不至于突然动手。韩某对外界的刺激做出了异常反应，短时间内情绪突然喷发，失去了理性控制，很符合冲动控制障碍型人格的特征。

2014 年 10 月 31 日，凶手韩某被执行死刑。

2. 心境

心境是一种微弱、平静和持久的情绪状态，也就是我们通常所说的心情。心境不针对某一特定事物，而是一种非定向的弥散性体验，影响人的整个精神活动的情绪状态。当一个人处于某种心境时，往往以同样的情绪状态看待一切事物。正如作家钱钟书在其名作《写在人生边上》所述："洗一个澡，看一朵花，吃一顿饭，假使你觉得快活，并不是因为澡洗得干净，花开得好看，或者食物符合你的口味，主要是因为你心上没有挂念。"

良好的心境，使人有"俱怀逸兴壮思飞"的积极感受，仿佛一切都染上了愉快的色彩。好比热恋中的人们，对方在自己的眼中都显得格外好看。而消极的心境则让人产生"举杯消愁愁更愁"的心情，看什么都不顺眼，做什么事都提不起精神来。

影响心境的原因多种多样，对于相同的诱发事件或相似境遇，有些人视其如"微风拂面""一笑而过"，而有些人则整日"郁郁寡欢""幽幽感伤"。

心境影响我们的学习和工作效率，影响我们对待生活的态度和身体健康。培养良好的心境有助于我们振奋精神，专注于学习和工作，热爱且积极创造美好生活。消极的不良心境则让我们精神萎靡，注意力涣散，不能有条理地安排学习与生活，影响工作效率，甚至导致一些身体疾病。创造良好心境的方法有发现美、欣赏美，理解和宽容，自我尊重，接受不完美，珍惜所拥有的，学会放松，学会放弃，向前看，善待他人，做自己，提高心理发展水平等。

资料卡片

一位心理学家来到一所正在建设中的大剧院，对现场忙碌的敲石工人进行访问。

心理学家问他遇到的第一位工人："请问你在做什么？"工人没好气地回答："在做什么？难道你没看到吗？这真不是人干的活！"

心理学家又找到第二位工人："请问你在做什么？"第二位工人无奈地答道："挣钱啊，一天 50 块呢。要不，谁愿干这种活啊？"

心理学家问第三位工人："请问你在做什么？"第三位工人开心地说："盖大楼啊！这可是全国最大的剧院呢！"

同样的工作，同样的环境，不同的人却有如此不同的感受——这就是心境的作用。

3. 应激

应激又称“心理紧张状态”，是人在遇到对自身至关重要而又难以应付的重大变化或威胁时产生的心理和生理反应。在应激状态下，人们调动各种心理资源以应对紧张的局面。比如，日常生活中突发的火灾、地震、交通事故等，都会使人产生一种特殊的紧张情绪体验，即应激。

人在外力的激发下能把各种潜能调动起来，以应付当前的紧张局面。成语“背水一战”“急中生智”“绝处逢生”，都是体验应激情绪的结果。古时曹植七步成诗，既是他才思敏捷的表现，也是他在杀头治罪危险下的应激表现。

资料卡片

2016 年 10 月 11 日，飞行员何超驾驶 A320 客机，由上海虹桥机场起飞，将 147 名旅客送往天津。在接到塔台指令开车滑出，滑跑速度达到每小时 200 千米左右时，何超突然发现有一架 A330 客机正在准备横穿跑道。此时，飞机速度已达每小时 240 千米。千钧一发之际，何超果断地以最大推力让客机强行起飞。因为此时如果减速制动，很可能因距离太近而停不下来，从而造成两机相撞。最终，何超驾驶客机成功从 A330 客机上方掠飞过，避免了一场可怕的撞机事故。

飞行员何超的临危决断，赢得了英雄般的赞誉。

积极的应激反应，能调动人们的防御排险机能，增强反应能力，以及时摆脱当前的险情。生活中的我们或许会有这种感觉，在时间紧迫下，我们学习或工作的效率不降反升。故在适当的应激状态下，能够有效地提高学习和工作的效率。消极的应激则使人认知能力下降，自我稳定丧失，行为动作紊乱，一筹莫展，惊慌失措，进而做出错误的决策甚至导致严重的损失及后果。比如，演讲者在演讲前的怯场，飞行员在飞行过程中遇到突发状况时的慌乱等，都属于这种情况。两种截然不同的行为反应，与个人的能力和素质有关，也与平时的训练和积累有关。需要指出的是，强烈而持久的应激状态，对人们的正常学习和工作会产生干扰，同时会影响身心健康。

三、情绪健康的标准

从某种意义上说，心理的状态就是情绪的状态，情绪健康就是心理健康。判断情绪健康的标准主要有一致性、时间性、稳定性和调控性。

1. 一致性

一致性指情绪反应与刺激保持一致。每种情绪的发生、发展都与相应的刺激有关。该喜则喜，该怒则怒。这种一致性还表现在反应的程度与刺激的强度关联上，强刺激引起强的情绪反应。情绪反应与刺激不一致的，如过强过弱的情绪反应，都不是情绪健康的表现。

2. 时间性

健康的情绪的强烈程度随着时间的推移会逐渐弱化。若反复出现某种情绪或发生情绪“固着”，则说明情绪可能需要干预。

3. 稳定性

健康的情绪有一定的稳定性。如果情绪反应波动太大，变幻莫测，如出现无明显原因的忽喜忽悲，则提示情绪状态可能存在问题。

4. 调控性

调控性是指能够把消极情绪调节转化为积极情绪，自己有能力调整自己的状态，以适应当下的情境。这也是健康情绪的重要体现。

课堂活动

你最近的心情怎样？有哪些不顺心的事或不良情绪吗？出现以下情况的时候，你是怎样做的呢？

（1）当你面对他人的批评时。

（2）当你和同学有矛盾时。

（3）当你对新环境不适应时。

（4）当你做错事时。

（5）当你和家人有误会时。

（6）当你对他人表现不满时。

（7）当有人对你不满时。

…………

请对照上述情绪健康的四项标准，对自己最近一周内的情绪状况做一个评估，看看是否有需要改进的地方。

第二节　做情绪的主人

人的心理方面的问题，大都表现为情绪方面的问题。青少年常见的情绪问题有抑郁、愤怒、恐惧、焦虑、嫉妒等。情绪问题如果得不到解决，则会对我们人生的发展造成不利的影响。保持情绪健康，做情绪的主人，是我们享有健康快乐人生的必要条件。

一、不良情绪的类型及危害

不良情绪的表现多种多样，归纳起来主要指过度的情绪反应和持久性的消极情绪两种情形。

1. 过度的情绪反应

人的情绪主要受大脑皮层下的中枢神经支配，当这一部分活动过强时，大脑的高级心智活动，如认识、推理、判断等能力就会受到抑制，人的认知范围就会缩小，就不能正确评价自己行动的意义及后果，自我控制能力随之降低。这会造成正常行为的瓦解，使工作和学习效率降低，甚至严重影响正常的工作、学习和生活。

资料卡片

有人做过这样一个实验：让几个大学生分别进入实验室，实验室有四扇门，其中三扇门是锁住的，只有一扇门可以打开。实际上只要按顺序将每扇门试开一下，便能很快找到出路。当实验者用冷水、电击、强光、大声等强烈刺激同时加之于受试者，使之趋于紧张状态时，好几个受试者呈现慌乱状态，不知道按顺序找出路，四面乱跑，重复尝试打开被锁住的门。

像这种因情绪激动而失去理智的现象，在日常生活中屡见不鲜。例如，一个人因惊吓而呆住，因气愤而说不出话来，因盛怒而攻击他人或自己等。

2. 持久性的消极情绪

人在焦虑、忧愁、悲伤、惊恐、愤怒、痛苦时，会发生一系列生理机能改变，这是正常现象。当情绪反应终了时，生理机能将恢复正常。通常这一过程短暂，没有什么不良的影响，但若情绪作用的时间延续下去，生理机能改变将延长，久而久之就会通过神经机制和化学机制引起心血管系统、消化系统、泌尿生殖系统、呼吸系统、内分泌系统等各种躯体疾病。有学者曾对五百多人进行调查分析，结果表明，人们在经历一系列紧张事件后，各种疾病都有所增加。据某医学院的报告显示，在所有门诊病人中，属于长期情绪紧张而患病的比例占到了76%。这种长期消极情绪带给人们的心理困惑甚至痛苦是不言而喻的。

二、常见的不良情绪表现

对处于青春期的学生来说，不良情绪主要有情绪低落、喜怒无常、焦虑、嫉妒、愤怒和恐惧等表现。

1. 情绪低落

人人都有喜怒哀乐，这是正常的情绪反应。大千世界引发七情六欲，如果一个青年学生对周围的一切事物都丧失兴趣，情绪低落，缺乏应有的兴趣，常常是抑郁的表现。

抑郁的前期表现多为对生活、学习、社交缺乏兴趣，严重的可能会发展为厌世心理。这种情绪主要表现为精神低迷，在学习、生活和集体活动中无精打采，对学习失去信心，对现实感到绝望。如果再遇到挫折或其他出乎预料的不顺心的事，就极易讨厌生活、讨厌自己，甚至轻生。

2. 喜怒无常

正常人的情绪会因情境的变化而发生变化。喜怒无常则是在同样环境条件下，时而喜、时而怒，不能控制自己的情绪。

3. 焦虑

焦虑是由紧张、焦急、忧虑、担心和恐惧等感受交织而成的一种复杂的情绪反应。焦虑总是与精神打击以及即将来临的、可能造成的威胁或危险相联系，主观上感到紧张、不愉快甚至痛苦和难以自制，并伴有植物神经系统功能的变化或失调。

焦虑对自我来说是一种预警信号，其真实的意义是提醒我们正在迫近的威胁和危险。比如，快考试了，但还没有复习好，会有对考试成绩的担忧还有对学业不良的恐惧，这时候会出现焦虑这种不愉快的情绪体验。这种感觉让人定不下心来复习功课，时时感到担忧、紧张、害怕和忧虑，甚至影响胃口和睡眠质量，有些人还会出现频繁拉肚子的胃肠反应。适度的焦虑水平可以让我们积极采取行动，比如高效率地投入复习，增强学习主动性，发挥学习潜能，以改变这种不舒服的状态；过度的焦虑会扭曲我们的知觉，降低学习或工作的效率，消耗我们的能量，使我们感到紧张和疲惫，剥夺生活中的很多快乐。

焦虑在生活中非常普遍。例如，有20%～50%的人有与数字或计算机相关的焦虑，更多的人（大约60%）对社交情境有焦虑和紧张。而评价焦虑——对他人对我们评价的恐惧，则是在各个年龄阶段、不同性别、不同社会文化的人中都普遍存在的。考试焦虑是我们在学校中常见的焦虑情绪。

4. 嫉妒

嫉妒是一种常见的消极情绪，通常由自己不能正确看待他人的成功而引起。嫉妒的主要特征是把他人的才能、地位、境遇或相貌等方面的优越之处（这种优越往往是自己想要取得的）看作自己生存和发展的威胁，因而感到忧虑、愤恨，并不惜借助贬低、中伤甚至诽谤的手段来维护自己的自尊心和虚荣心。这里需要区别一下羡慕和嫉妒的差异。羡慕之情人人有之，但羡慕不会带来攻击和伤害，也不会让人痛苦。嫉妒是一种对身心极为有害的情绪。文学家巴尔扎克曾经说过："嫉妒者的痛苦比任何人的痛苦都大，他自己的不幸和别人的幸福都使他痛苦万分。"

怀有嫉妒心理的人通常心胸狭窄、心境阴暗，当看到别人取得成绩、受到表彰时，明知自己不如别人，但仍认为别人也没有什么了不起，甚至背后说三道四，用流言蜚语来否定别人的成绩。怀有嫉妒心理的人容易出现失眠多梦、性格改变、孤僻、不合群、敏感多疑、对朋友不信任、情绪不稳、意志消沉等心理问题。

资料卡片

小A与小B是某职业学校平面设计专业学生，同在一个班级学习，又同在一个宿舍生活。入学不久，两人便成了形影不离的好朋友。小A活泼开朗，小B内向寡言。渐渐地，小B觉得自己越来越像一只丑小鸭，而小A却像一位美丽的公主，小B心里很不是滋味。无论在教室还是在宿舍，小B总认为小A把风头占尽，便时常给小A以冷眼，好在小A并不计较，小B也就把不快藏在了心里。到了二年级，两人同时参加了学校组织的平面设计大赛，小B名落孙山，小A却得了一等奖，并将代表学校参加市里的比赛。小B先是痛不欲生，而后妒火中烧，趁小A不在，将小A电脑里的参赛资料全部删除，还在背后说了许多诋毁小A的话。小A气极了，却不知如何是好，更想不通小B为什么要如此对待她。

小B做出以上行为的原因，关键是两个字——嫉妒。嫉妒的范围很广，包括嫉人、嫉事、嫉物。根据发生的速度与强度，嫉妒可分为两种，一种同激情相联系，称为“激性嫉妒”，这种嫉妒带有强烈的激情性质，来势凶猛，难以控制；另一种与心境相联系，称为“心境嫉妒”，这种嫉妒缓慢而持续，主要表现为郁郁寡欢，忧心忡忡，乃至积郁成疾。

嫉妒破坏友谊、损害团结，既贻害自己又殃及他人。因此，必须坚决、彻底地与嫉妒心理告别。

5. 愤怒

在一个争议判罚之后，球迷们大声辱骂裁判；一个急着下车的男人因为错过下车地点，在下车后转身狠狠捶打车身来表达自己的强烈不满；一个大清早睡得正香却被掀了被子的男孩对妈妈大吼“我讨厌你”……这些人都是在发泄愤怒——对于（感受到的）不公平对待的不愉快和怨恨。

愤怒情绪一旦产生，会瞬间引发人心跳加速、呼吸急促，心里犹如水管被堵住一样。而发泄则是愤怒的直接反应，这种发泄通常伴随着反抗的心理、言语和行为上的敌对。如果不能很好对待、正确处理，就可能引发不良的后果；如果能冷静对待、理性思考，则可以逐步弱化这种极具破坏性的情绪。

6. 恐惧

恐惧是指针对某些特定对象（比如人或物或场景）时产生的强烈害怕或紧张不安的体验，并伴有回避行为的一种情绪。它在强度上分为不安、忧虑、紧张、慌乱、恐怖等。

当然，恐惧也有积极的方面。通常它是一种正常的情绪反应，具有自我保护的作用，比如我们在遇到危险时因为害怕而产生的逃避行为可以让我们远离危险并避免伤害。

如果一个人的害怕反应超出了合理的限度，即对一般人并不感到害怕的事物表现出过度恐惧，则是一种情绪障碍。

从恐惧客体上看，恐惧可分为三大类。一是特殊情境恐惧，比如对黑暗、高处、空旷地带的恐惧，对学校或班级的恐惧；二是特殊物体恐惧，比如对动物（狗、蛇、蟑螂、毛毛虫等）、鲜血、尖锐物体的恐惧；三是与人交往的恐惧，也称社交恐惧，如害怕与陌生人说话。

资料卡片

在一处地势险恶的峡谷奔腾着湍急的水流，几根光秃秃、颤悠悠的铁索横亘在悬崖峭壁之间，它是通过此地的唯一路径，经常有行者失足葬身峡谷。

有一天，一个盲人、一个聋人和一个耳聪目明的年轻人来到桥头，他们需要从铁索桥上攀走过去，别无选择。经过短暂的商议，三个人开始一个接一个抓住铁索过桥了。

盲人心想，我眼睛看不见，不知山高桥险，可以心平气和地过桥。聋人心想，我的耳朵听不见，不闻脚下的咆哮怒吼，恐惧相对会减轻许多。于是，盲人和聋人很快便从铁索桥上走过去了。

那个耳聪目明的年轻人一边自我激励一边鼓起勇气开始过桥。刚走出十几步路，当他看到桥下的险象，听着咆哮的水声，想象着自己从桥上掉下去的各种惨状，内心变得越来越恐惧。再看看距离对岸起码还有 50 步路那么远，他的信心立刻崩溃了，双腿开始发软。他决定停下来放弃过桥，于是拼命地抓紧手上的铁索，慢慢地转过身去。然而，就在此时，他一脚踩空从铁索桥上跌了下去。

恐惧的消极作用不言而喻，它会严重阻碍人们行动的勇气，甚至危害人们的身心健康。比如，有人恐惧疾病，他可能丧失与病魔斗争的勇气；有人恐惧领导，与领导交流时会变得语无伦次、动作拘谨等。事实上，在很多情况下，我们夸大了困难，过分地担心结果的好坏，从而徒增了恐惧。导致事情失败和悲惨结局的原因往往并不在于事情本身有多么困难，而在于存在于我们内心当中的这份恐惧。

社交恐惧是一种消极的情绪体验，也是一种比较常见的心理障碍。个体在正常社会交往中表现出明显的焦虑和回避，特别是在众人面前，一说话就心慌气短，面红耳赤，逃避产生社交焦虑的情境，减少社会交往，选择孤独的生活方式。

课堂活动

大胆剖析自己，填写下表，分析原因。如果可能，可以就有关问题咨询心理老师或医生。

情绪表现	情绪强度	典型事例	自我分析	对应措施
情绪低落				
喜怒无常				
焦　虑				
嫉　妒				
愤　怒				
恐　惧				

三、情绪的自我调节

人是有情绪的，但更是有理智的。一个心理健康的人能用理智管理情绪，而不做情绪的俘虏。如果我们能够更好地管理自己的情绪，更加敏锐地识别他人的情绪，更好地调节自己的情绪，那么我们的情绪就能对学习和生活起到明显的促进作用。

1. 学会修正不合理认知

认知会影响我们的情绪，我们应学会通过对不合理认知的修正来调节自己的情绪。例如，当忍不住要动怒时，要冷静审察情势，检讨反省，以决定发怒是否合适，发怒的后果如何，以及有无其他更为适当的解决办法。经过如此“三思”，便能消除或减轻心理紧张，使情绪渐趋平复。与人发生争执时，倘能设身处地地站在对方的立场上想一想，也许就可以心平气和了。具有辩证思维的人往往是比较理智的，很多表面看上去令人不快的事件，如果从另外一个角度或从发展的眼光看，往往会发现某些正面积极的意义。塞翁失马，焉知非福，坏事、好事是可以转化的。

资料卡片

情绪ABC理论是由美国心理学家埃利斯创建的。其中，A表示事件，B表示人对事件的信念（即看法和解释），C表示人的情绪和行为结果。人的消极情绪和行为障碍结果（C），不是由事件（A）直接引发的，而是由人对事件（A）产生的错误信念（B）所直接引起。

对同一件事（A），不同人的信念可能是不同的（B_1 和 B_2），所产生的情绪和行为结果也不同（C_1 和 C_2）。比如，两人的计算机考试没过，一人感觉无所谓，另一个却难过不已。因为，前者的心态是试一试，能过就过，不能过继续努力；后者则是背水一战，不过就是自己的失败。因此，对同一件事，如果改变看法，情绪感受也会变化。

正是由于不合理的信念，才使我们产生情绪困扰，如果这些不合理信念日积月累就会引起情绪障碍。情绪 ABC 理论提出，改变不合理信念，用正确合理的信念替代它，可以改变情绪。

不合理信念概括起来有以下三个特征：

（1）绝对化。即对什么事物都怀有认为必须或不会发生的信念，这种特征常常表现为日常生活中“应该”“必须”“一定”“绝对”等用语上。比如“我必须成功”“你应该对我好”“我这次一定要考上”。

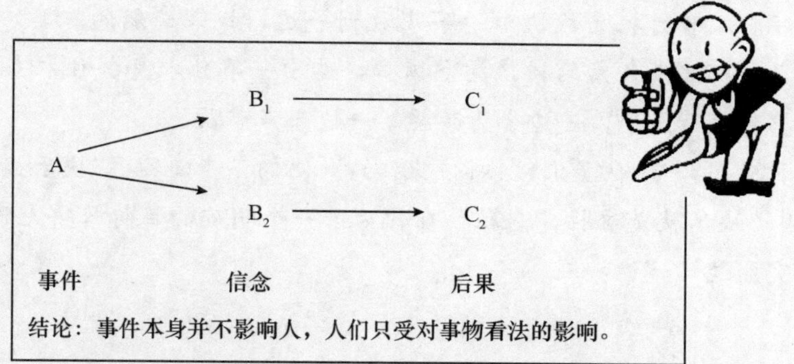

（2）过分概括化。即以偏概全的思维方式，常常把“有时”“某些”过分概括化为“总是”“所有”等，认为世界上的事物要么正确，要么错误，非黑即白。一次考试失误，就认定自己总是考不好。

（3）糟糕至极。常会表现为“一旦出现了……天就要塌了”“再没有比这更可怕的了”等。比如，“这次考试失利了，我的前途就完了”。

2. 学会放松

不论在赛场、考场或其他场所，当过分紧张、烦恼、惧怕时，可采用深呼吸的方法，即深深地吸气慢慢地呼气，使自己的身心放松。还可采用渐进式肌肉放松的方法，从上往下一个部位一个部位地放松自己的肌肉，直至全身都松弛下来。也可以想象胜利者的形象鼓舞自己，并回忆过去成功的体验。

3. 学会转移

在发生情绪反应时，头脑中有一个较强的兴奋灶，此时如果另外建立一个或几个新的兴奋灶，便可抵消或冲淡原来的优势中心。当火气涌上时，有意识地转移情境或做点别的事情来分散注意力，便可使情绪得到缓解。在余怒未消时，可以用看电影、听音乐、下棋、打球、散步等有意义的轻松活动使紧张情绪松弛下来。

资料卡片

一群年轻人到处寻找快乐，却遇到许多烦恼、忧愁和痛苦。他们向苏格拉底请教：快乐到底在哪里？

苏格拉底说："你们还是先帮我造一条船吧！"

这帮年轻人暂时把寻找快乐的事儿放到一边，找来造船的工具，用了49天，锯倒了一棵又高又大的树，挖空树心，造出一条独木舟。独木舟下水了，他们把苏格拉底请上船，一边合力荡桨，一边齐声唱歌。

苏格拉底问："小伙子们，你们快乐吗？"他们齐声回答："快乐极了！"苏格拉底道："快乐就是这样，它往往在你为着一个明确的目标忙得无暇顾及其他的时候突然造访。"

4. 学会宣泄

宣泄是调节不良情绪的有效方法。当我们遇到不愉快的事情及委屈，不要压抑在心里，要向知心朋友或亲人诉说出来，哪怕自己找一个没有人的地方大哭一场也行。这种宣泄可以释放积于内心的郁闷。当然宣泄的对象、地点、场合和方法要适当，否则适得其反，反而给自己带来更大的麻烦或者伤害到他人。

资料卡片

有一个人在公司里人缘很好，他性情好、待人和善，几乎没人看到他生过气。一次一个朋友经过他家，顺道去看他，却发现他正在顶楼上对着天上飞过的飞机大声吼叫着。朋友好奇地问他原因，他说："我住的地方靠近机场，每当飞机起落时都会听到巨大的噪声。后来，当我心情不好或是受了委屈、遇到挫折，想要发脾气时，我就会跑上顶楼，等待飞机飞过，然后对着飞机放声大吼。等飞机飞走了，我的不快、怨气也被飞机一并带走了！"

与此类似，可以通过跑步、拳击、捶打沙袋等方式把怨气或愤怒等不良情绪宣泄出去，获得平静。这些方法简单易行，效果也很理想，一般用来宣泄比较强烈的情感，如愤怒、憎恨、不满等。

5. 学会自我关怀

当我们追求某个目标而不能实现时，为了减少内心的失望，常为失败找一个冠冕堂皇的理由，用以安慰自己，就像狐狸吃不到葡萄就说葡萄酸一样。这种自我安慰又称作"酸葡萄心理"，与此相反的是"甜柠檬心理"，即用各种理由强调自己所有的东西都是好的，以此冲淡内心的不安与痛苦。偶尔用一下这种自我安慰的方法，作为缓解情绪的权宜之计，对于帮助人们在极大的挫折面前接受现实、接受自己、避免精神崩溃不无益处。但用得过多，会成为不思进取的借口，则是一种病态，对形成积极向上的健康人格产生负面影响。

6. 学会幽默

幽默感是一种特殊的情绪表现，也是人们适应环境的工具。具有幽默感，可使人们对生活持积极乐观的态度。许多看来令人烦恼厌恶的事物，用幽默的办法应对，往往使人们的不快情绪马上消除，心情变得轻松起来。

资料卡片

纽约的一家报纸报道了马克·吐温逝世的消息。

消息传开后，许多亲朋好友前来悼念。谁知，接待他们的竟然是马克·吐温本人。原来，他被别人愚弄了！亲朋好友们为马克·吐温打抱不平，纷纷谴责那家报纸。

"算了吧！"马克·吐温劝说亲朋好友，"他们报道我死了，这没错啊！只不过是把日期提前了。"

这样的事放在谁身上都有可能会恼羞成怒，但事情到了马克·吐温那里，却被一句幽默的话化为乌有。

生活中多一些幽默，我们就会巧妙地应付各种尴尬的局面，很好地调节生活，保持一种愉悦向上的好心情，这就是幽默的力量。

7. 学会升华

升华是指将不为社会所认可的动机或欲望导向比较崇高的方向，使其具有创造性、建设性。这是对情绪的一种比较成熟的防御，是将情绪激起的能量引导到对人、对己、对社会都有利的方面去。

德国作家歌德在年轻时曾遭受失恋的痛苦，他几次想自杀，但他终于抑制了这种轻率的行为，把自己破灭的爱情作为素材，写出了名著《少年维特之烦恼》。我国战国时期的名将孙膑遭受膑刑，写出《孙膑兵法》；汉朝的史官司马迁遭受宫刑后，完成了《史记》；德国音乐家贝多芬在双耳失聪的情况下，创作出《命运交响曲》……这些都是成功人士将挫折升华为前进动力、“置之死地而后生”的例子。

遇到挫折、不公平或令人悲伤的事情，一味地愤怒或颓唐绝望，都是无济于事的。正确的态度应该是有志气、争口气，将挫折变成动力，做生活中的强者。

8. 学会与情绪对话

当我们产生负面情绪的时候，不妨找一个独处的环境“聆听”自己的情绪，深入地体会自己正经历的感受是什么：内疚？怨恨？害怕？惊讶？还是哀伤？人的情绪不是单一的，常常是几种情绪混杂在一起。这时，我们要仔细分辨一下究竟哪种情绪是目前最主要的，并留意自己此时的身体反应。然后，我们要学会与情绪对话。

课堂活动

你的感受一定不是没有原因的。或许你并不知道这个确切的原因是什么。这时，你不妨问问自己如下问题：

我怎样形容自己的情绪？

是什么人（事）使我有这样的感受？为什么？

我的情绪与事实成正比吗？

这些情绪与过去的经历有关吗？

我允许自己有这样的情绪吗？如果允许，为什么？

最后一个问题常常使我们发现，有些感受是我们不愿承认的，因为这样会暴露自己的弱点。比如，这几天感到不太高兴，一位同学借了东西不还，因此感到很气愤。可是，自己不愿意承认，因为这种情绪会使自己觉得“我是一个小心眼的人”。这时，最重要的是要提醒自己，我也是人，自然有“人之常情”的反应。如果多和别人交流，我们就会发现，其实别人也有相同或类似的感受，只不过大家都不愿公开承认罢了。这种情况下，向可信赖和接纳自己的朋友倾诉，会帮助我们接纳自己的情绪。

当我们能够了解和接纳自己的情绪时，情绪的困扰差不多已经解决了大半。然而，情绪只是一个指标，它告诉我们现实与我们的关系。所以，要想真正彻底地面对自己的情绪，我们要对自己的渴望、需要、恐惧、底线等有更清晰的认识，了解自己需要什么、看重什么、接受不了什么，这能帮助我们更好地与现实相处。

资料卡片

多少次你让别人的废话影响了自己的情绪？是不是曾被不守交通规则的司机、粗鲁的服务生、发疯的醉汉破坏了一天的好心情？其实，成功者的一大标志就是他能有多快从负面情绪中走出来，重新专注在生活中真正重要的事情上。

生活只有10%是靠你创造的，而有90%则是看你如何去对待。许多人就像垃圾车，他们装满了垃圾四处奔走，充满懊恼、愤怒、失望的情绪，随着垃圾越堆越高，他们就需要找地儿倾倒，如果你给他们机会，他们就会把垃圾一股脑儿倾倒在你身上。所以，有人想要这么做的时候，千万不要收下。只要微笑，挥挥手，祝他们好运，然后，继续走你的路。相信我，这样做你会更快乐。

上述调节情绪的方法，哪些是我们已成功运用过的，哪些是运用得不算成功的，哪些是从来没有用过的？我们要学会和自己的情绪对话，尝试着用这些方法来更好地了解、接纳和调节自己的情绪。

探究与体验

伊索寓言里有一个故事：一只小山羊站在屋顶上，看见狼从地面走过，便谩骂它、嘲笑它。狼说道："啊，伙计，骂我的不是你，而是你所处的地势。"

1. 故事里的狼为什么不生气呢？请从情绪的调节角度分析。

2. 生活中，你可能也被嘲笑甚至被谩骂过。当时你是怎样的心理状态，后来是如何处理的？现在重新审视一下，当时的心态和处理方法恰当吗？为什么？

第五章　体验自我成长

作为一个有思想的生命个体，我们在逐渐成长的过程中，慢慢懂得自己，懂得生活，懂得生命的意义。

现实中，有人踌躇满志，有人心灰意冷；有人播种希望，有人承受痛苦……正如季节交替，风云变幻，世界呈现不一样的色彩。

生活的丰富多彩给予我们思想的富饶丰足，在顺境时我们品尝生活的乐趣与甜蜜，在逆境时我们同样可以增强才能与心智。即使在人生的艰难时刻，我们也可以探寻希望之光、生命之泉，因为，我们如何对待世界，世界就如何对待我们。

第一节　学会面对压力

成长中的我们曾经遇到的最大困扰是什么呢？它给我们的生活带来了哪些影响呢？我们的感受是怎样的呢？外界给予我们的各种刺激，在被我们感知消化后，需要我们做出相应的反应。

对处于青少年时期的我们来说，成长不仅意味着身体发育带来的显著变化，还意味着我们在学习和生活中感受着成长快乐的同时，也感受着来自学业、工作、人际关系或经济等方面的烦恼，甚至经受磨砺。这些烦恼和磨砺可能是由于生活的变动，或者身体的疾患，甚至经历灾难性事件。压力、挫折伴随着我们成长，我们的意志品质将会在这些经历中得到磨炼和提升。

一、什么是压力

生活中的我们多多少少会感受到一些大大小小的压力。据调查，人们在一周内至少会感到 1～2 次压力，还有些人每天都生活在高压之下。压力是我们在适应环境和成长过程中无法回避的一个主要问题。

从心理学角度看，压力是指外部环境的变化和机体内部的状态所造成的人的生理变化和情绪活动。

内外环境中的各种因素作用于我们，都可以引起我们的心理反应，不管这些因素是积极的还是消极的。比如，积极情境中的考入新学校、学习新专业、面试新单位……会给我们带来压力；消极情境中的考试不合格、人际关系糟糕……也会给我们带来压力。还有其他一些不良因素的刺激让我们产生持续的紧张和焦虑情绪，比如，对生活事件的不良预期，或者一些身体疾病的原因等。有人会感到头疼、疲劳或者抑郁，还有些人表现出易怒、暴躁、失眠、暴饮暴食或者大哭大叫……。

但换个角度看，心理压力具有某种警示功能，可使我们面对压力来源，时时提醒自己，面对它、研究它、挑战它，进而找到与压力相处的方式，解除心理危机。

资料卡片

有一位经验丰富的老船长，一次他的货轮卸货后在返航途中突然遭遇可怕的风暴。水手们惊慌失措，老船长果断命令水手们立刻打开货舱，往里面灌水。“船长是不是疯了，往船舱里灌水只会增加船的压力，使船下沉，这不是自寻死路吗?”一个年轻的水手嘟囔。

看着船长严厉的脸色，水手们还是照做了。随着货舱里的水位越升越高，随着船一寸一寸地下沉，依旧猛烈的狂风巨浪对船的威胁却一点一点地减少，货轮渐渐平稳了。

船长望着松了一口气的水手们说：“百万吨的巨轮很少有被打翻的，被打翻的常常是根基轻的小船。船在负重的时候，是最安全的；空船时，则是最危险的。”

这就是“压力效应”。那些得过且过、没有一点压力、做一天和尚撞一天钟的人，像风暴中没有载货的船，往往一场人生的狂风巨浪便会把他们打翻。我们要辩证地看待生活、学习、工作带给我们的各种压力，努力将压力变为动力，变成智慧，变成成长中的历练和宝贵经验的累积，让自己成为“百万吨级的巨轮掌舵人”。

压力具有两重性，适度的压力能够提高机体的应激水平，激发个体的潜能，具有积极的意义；但过度的压力则会成为我们“生命不能承受之重”，阻碍身心成长和发展，甚至损害身心健康。

二、压力的类型

触发事件称为压力源，即引起压力的周围环境中的事件、情境、我们的身体状态或者一些想法。比如，升学考试、父母的期望、与朋友的误会、学习或工作竞争、陌生的环境等。但对于同样的触发事件，不同的人的感受是不一样的，比如，面对专业技能测试，有人感觉压力好大，有人则感觉一点儿压力也没有。之所以有这样不同的认识，就在于我们对触发事件的评估不同，如果这个事件的解决超出了自己的能力，就会让我们感受到压力。

1. 按照刺激强度分类

某个事件对不同人或处于不同内外部条件下的一个人会产生不同刺激强度的压力，即应激水平，比如突然来到一个陌生的环境、好友的突然背叛等。按照刺激强度分类，压力可分为良性应激、强应激、弱应激。

（1）良性应激。良性应激是指那些促进性的、激励性的或者导致个人成长的事件，比如期待中的新工作、良师益友的新要求。

（2）强应激。强应激通常出现在需要应对的事情超出我们的能力限度的时候，出现压力过度的情况。在高压状态下，我们的身体及心理都会处于一种强大的紧张状态中，这容易对我们的身心产生不良的影响。

（3）弱应激。弱应激也称压力不足，通常发生在缺乏一定刺激的情况下，比如我们的学习过于单调，对自身几乎没有什么要求，或者得过且过，产生所谓的空虚感。如果不能有效处理空虚，明确自身价值与努力方向，则可能放任本能欲望来获得刺激，比如沉迷网络，体验毒品，甚至玩“自杀游戏”。

2. 按照持续时间和频率分类

从时间维度来说，按压力持续的时间和频率来看，压力又可分为两种：急性压力和慢性压力。急性压力是对迫在眉睫的威胁的暂时反应，威胁消失压力就会解除。就像突然来临的考试引发的急性压力，当考试结束或对考试结果感到满意，则压力自行消失。慢性压力是指经历一段长期的、持续的压力。比如撰写毕业论文时，在长期的挑灯夜战、查找资料、收集实验数据、不断修改的过程中导致慢性压力。慢性压力的消除较为缓慢和困难，因而对身心健康的影响较大。

资料卡片

生活中的一些因素会单独或组合起来对我们造成压力。

（1）生理压力，诸如有太多事情需要去做或者做某事需要付出大量的时间和精力。

（2）对我们个人生活或工作中的决策缺乏控制感。比如对于专业的选择，你完全听从父母的意见。

（3）不可预知的事件，使得我们要在毫无防备的情况下应对。

（4）与家庭成员、朋友、工作伙伴糟糕的人际关系。

（5）角色冲突，即一个角色（如丈夫）与另一个角色（如企业员工）的冲突。

（6）职业担忧，包括找工作、升职和失业。

（7）使人感到不愉快或危险的环境，诸如吵闹的工作环境。

我们不能罗列所有对我们造成压力的事件或情境，但通过这个清单可以让我们联想到一些其他方面的压力，正如我们所看到的，压力无处不在。

三、压力的管理

太大的压力会让我们变得紧张、出现失误甚至容易生病，压力太小或者没有压力的话，我们可能又会变得无聊和懒惰。为了更好地生活，我们可以寻找能够面对的最佳压力水平，在这个基础上工作、学习，让自己变得更好，对生活充满激情。

1. 压力与绩效

压力与绩效的关系曲线呈倒U形，在中等程度的压力下，绩效最佳。如果压力大幅度超过压力曲线的最佳点，绩效就会降低。如果个体的压力达不到压力曲线的最佳点，则难以取得较高的绩效。学习效率的研究表明，在适度的压力水平下，我们的学习效率最高；而在过度的压力或没有压力的状态下，学习的效率降低。

资料卡片

压力与绩效之间的关系曲线是倒U形的，如右图所示。

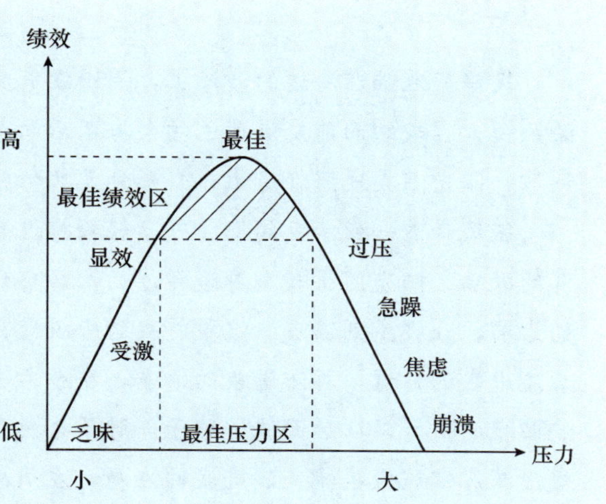

当我们完成工作任务的压力非常小时，会觉得工作乏味、缺乏挑战性，集中干劲和注意力到工作上的动机很小，从而使绩效很低。

随着工作压力的逐渐增大，我们受到激发，绩效得到提高。在压力达到最佳点之前，工作压力越大，绩效越高。

当工作压力超过最佳点后，压力越大，绩效越低。随着压力增加，依次出现过压、急躁、焦虑等状态，甚至使人崩溃。

在绩效最高点附近的绩效区，称为最佳绩效区。在绩效最高点附近的压力区，称为最佳压力区。如何通过压力管理，将工作压力保持在最佳压力区，进而使绩效处于最佳绩效区，是压力管理的主要任务之一。

2. 过度压力的应对

（1）问题关注的应对。即通过采取具体措施来缓解压力给人带来的问题与困难。例如，在很多事情一窝蜂涌来的时候，因为任务太多、时间太紧普遍会给人带来压力。这时我们面临的问题是时间不够。具体的应对措施，可以将事情按轻重缓急排序，可以请他人来帮助自己完成一些辅助性工作，甚至可以要求延迟个别事情完成的时间或推掉个别可以不用自己来做的事情。

（2）情绪关注的应对。即通过采取有效的情绪管理来舒缓压力给人带来的焦虑体验。例如，当我们为一件事带来的心理压力而感到焦头烂额、情绪极其糟糕时，可以找一个安静的房间躺下来，将身体处于最舒服的姿势，配合低缓的轻音乐，调节呼吸，冥想“资料卡片”中描述的情景。

资料卡片

我静静地躺在海边的沙滩上，周围没有其他的人，蔚蓝的天空中，飘浮着朵朵白云。我的面前是湛蓝色的大海，后面是高大的椰子树，身下是软绵绵的细沙，阳光温柔地照在身上，我感到无比舒畅。

微风带着一丝清爽的海洋气息轻轻拂过我的脸颊，我静静地聆听着海浪悦耳的歌唱，阳光照得我全身暖洋洋的，我感到有一股暖流顺着我的头部流进我的右肩，让我感到温暖、沉重。我的呼吸变得越来越慢，越来越深。这股暖流又流进我的右臂，再流进我的右手，整个右手也感到温暖、沉重。这股暖流又流回我的右臂，从后面流进脖子，脖子也感到温暖、沉重。我的呼吸变得更加缓慢深沉。这股暖流又流进我的左肩，左肩感到温暖、沉重，我感到越来越轻松。这股暖流又流进我的左臂，再流进我的左手，左手也感到温暖、沉重。这股暖流又流回我的左臂，左臂感到温暖、沉重。我变得越来越轻松，心跳变慢了，心跳更有力了。这股暖流又流进我的右腿，右腿也感到温暖、沉重。我的呼吸缓慢而又深沉。这股暖流又流进我的右脚，整个右脚也感到温暖、沉重。这股暖流流进我的左腿，整个左腿也感到温暖、沉重。这股暖流又流进我的左脚，整个左脚也感到温暖、沉重。我的呼吸越来越深，越来越轻松。

这股暖流流进我的腹部，腹部感到温暖、沉重。这股暖流流进我的胃部，胃部感到温暖、轻松。这股暖流最后流进我的心脏，心脏也感到温暖、轻松。心脏又把暖流送到了全身，我的全身都感到了温暖和轻松，舒服极了。

我的整个身体十分平静，也十分安静，我已经感觉不到周围的一切了，周围好像没有任何东西，我安静地躺在海边，非常轻松，十分自在……

（3）意义关注的应对。即通过深入的哲学思考来梳理压力给人带来的精神困扰。我这么累，有意义么？我这样拼，究竟为了什么？这样的想法和疑问，会随着压力的增大而不断出现，我们甚至会在这种不断的自我质疑、自我否定中，怀疑生活的意义。这就需要我们从哲学的高度来思考生命的价值和存在的方式。只有从源头上弄清楚了，我们才能建立起理想信念，应对压力的能力就会大大提升。

课堂活动

健康心理学建议用下列 10 种方法来减轻压力。你平时采用了哪些方法，没有采用过的方法可以在以后的压力状态下尝试。

（1）说出压力：通过找一位知心好友或心理咨询师来排解内心的烦恼、调整心态。

（2）写出压力：通过写作，如日记、散文、诗歌等来调整心态，积极生活。

（3）动出压力：通过某项体育运动，如跑步、打球、打太极等来调整心态。

（4）唱出压力：通过唱歌，如卡拉OK等，来排解内心的烦恼、调整心态。

（5）笑出压力：通过讲笑话、调侃、聊天等来排解内心的烦恼、调整心态。

（6）泡出压力：通过泡澡来排解烦恼、调整心态。

（7）养出压力：通过饲养小动物、种花养草来排解烦恼、调整心态。

（8）帮出压力：通过帮助他人，如从事某项公益活动来排解烦恼、调整心态。

（9）坐出压力：通过静坐、冥想活动来排解烦恼、调整心态。

（10）游出压力：通过旅游来排解烦恼、调整心态。

应对压力的方法是多种多样的，没有统一的模式，选择适合自己的一种或几种才是最好的。

我们都是积极生活者，在每一次成功地应对压力事件后，都可以让我们收获更多的自信与幸福。每一次的压力情境会让我们更加努力提高自己，激励我们发挥潜能，实现个人成长。

第二节　在挫折中成长

人只有在逆境中才会坚强。苦难、逆境点缀生活，是一笔丰厚的财富。生命总是在挫折和磨难中茁壮生长，意志总是在苦难和逆境中愈发坚强。

一、什么是挫折

心理学认为，挫折是指一个人在从事有目的的活动中，遇到了障碍或干扰，导致其动机不能实现、需要不能满足时产生的情绪反应。小的挫折不值一提，而大的挫折可以称为失败。

古今中外，各行各业，每个人在追求理想生活的过程中，都会遭遇挫折。有人在挫折中成长为响当当的人物，有人在挫折中一蹶不振甚至从此销声匿迹。挫折是魔鬼，也是天使。挫折能给我们带来什么，在于我们如何看待它、对待它。

二、挫折的构成

挫折的构成，包括挫折情境、挫折认知和挫折反应三个连续的阶段。

1. 第一阶段：挫折情境

生活中会出现自己的动机不能实现、需要不能满足的事实，如学业失败、爱情受挫、事业失败、健康状况受损或经历其他不如意的事情等，我们把这些情况叫作挫折情境或挫折事件。

2. 第二阶段：挫折认知

对挫折情境中已经发生的事实情况，自己会不由自主地进行认识和评价，感受失败的原因。对挫折情境的评价和感受，存在个体差异。正如我们生活中看到的那样，挫折对于有些人是痛苦、是毒药，而对于另一些人则是财富。

3. 第三阶段：挫折反应

对事件认识评价，会引发相应的情绪或行为反应，如困惑、愤怒、焦虑、紧张、退缩、逃避等，这些情绪或行为交织成负面的情绪感受，即挫折感。

一般来说，挫折情境越严重，挫折反应就越强烈；反之，挫折反应就轻微。但是，当出现了挫折情境，而个体没有意识到，或者意识到的情况并不是那么严重，那就不会产生挫折反应，或者仅仅产生轻微的挫折反应。所以说，在挫折感产生的过程中，挫折认知是核心因素，挫折反应的性质及程度取决于挫折认知。

人生的失败、挫折将伴随我们成长，重要的是我们如何坦然面对它们。尝试换个角度看问题，可以改变我们对其反应的性质及程度。正确对待挫折的刺激，可以激发我们面对困难的勇气，百折不挠，不断向前。

三、挫折的类型

挫折的类型非常复杂，常见的挫折一般可做如下划分。

1. 实质性挫折和想象性挫折

按照挫折是否实际存在，可分为实质性挫折和想象性挫折。

（1）实质性挫折。指已经实际发生的挫折，有实际的情境表现，我们自己可以做出有效处理，他人可以给予有效的帮助。

（2）想象性挫折。指当事人对想象中未来可能出现的挫折情境的预测，比如个别表现突出的同学担心某一天可能会失去老师的垂青而产生一种挫折感。想象性挫折只是一种假想，因而难以做出具体、有效的处理，往往不被他人所理解，也难以得到他人有效的帮助。

2. 一般挫折和严重挫折

按照挫折的严重程度可分为一般挫折和严重挫折。

（1）一般挫折。指日常生活中在一些常见的不太重要的事情上遇到的小挫折，如同学间偶尔争吵几句，乘车进城遇到堵车，去商店购物不巧碰上打烊等。这些日常琐事虽然会引起心情不快，但很快就能过去，对人的影响一般比较小。

（2）严重挫折。指在某些与自己关系密切、意义重大的事情上遭受的挫折，如高考落榜、亲人亡故、触犯法律等。这些事件会在人的内心产生巨大的震动，引起强烈的情绪反应。同时，我们应看到，一个人在一定时期内对挫折的心理承受力是有限度的，有时单个的挫折虽不严重，但若干一般挫折如果接踵而至或同时出现，也会构成严重挫折。

3. 意料中的挫折和意料外的挫折

按照对挫折是否有心理准备可分为意料中的挫折和意料外的挫折。

（1）意料中的挫折。指我们已有察觉或已有了一定戒备后遇到的挫折，如亲人久病而亡。

（2）意料外的挫折。指当事人在毫无心理准备的状态下突然遭受的挫折，如遭遇车祸等。一般而言，意料外的挫折比意料中的挫折对人的打击要大。

4. 事业挫折和生活挫折

按照挫折的性质和内容可分为事业挫折和生活挫折。

（1）事业挫折。可以具体分为工作挫折、学习挫折、理想挫折等。工作挫折，主要指工作环境中或工作过程中发生的挫折，如工作环境突然恶化，工作条件突然改变，工作成绩不被承认，晋升、加薪方面受到压制等。学习挫折，指在学习和智力活动中遭遇的挫折，如上课听不懂老师讲课，记忆力衰退，考试失败等。理想挫折，指自己原来确定的奋斗目标虽经努力仍未达到，如考试失败，未能获得奖学金等。

（2）生活挫折。可以具体分为家庭挫折、恋爱挫折、交往挫折等。家庭挫折，主要指家庭遭遇了变故，产生了较为严重的后果，如邻里纠纷、父母离异等。恋爱挫折，主要指在恋爱方面产生了变故，如失恋等。交往挫折，主要指在人际交往中，当事人交往的需要和动机受到阻碍，如好朋友因误解而分手，遭人诽谤、妒忌、猜疑等。

5. 短暂性挫折和持续性挫折

按照挫折持续的时间可将其分为短暂性挫折和持续性挫折。

（1）短暂性挫折。指挫折持续时间较短，是暂时性的，这种挫折感会随着时间的推移而自然消失，如一次考试没有取得好名次、高龄老人的自然死亡等。

（2）持续性挫折。指一种长期的挫折状态，既可能是持续的，也可能是接二连三的。由于导致挫折的条件和情境具有相对稳定性，往往使人长时期、持续地处于紧张状态和挫折感之中。持续性挫折使人所产生的情绪反应往往会改变人的性格，使其感到焦虑不安、压抑，进而遇事回避、萎靡不振，甚至出现有攻击行为。

四、受挫后的心理反应

由于每个人的心理承受能力不同，自我调适能力不同，遇到挫折后，各人就会有不同的心理行为表现。但总体上可以分为两种，一种是积极的心理行为表现，当事人能够不失常态，审时度势，有效地控制自己的行为，力图摆脱挫折情境；另一种是消极的心理行为表现，当事人会出现失常的、失控的、没有目标导向的非理性心理行为。

1. 积极的心理行为表现

（1）坚持目标，继续努力。受挫后，当事人能根据自己的知识、经验，通过分析，确定自己追求的目标是现实的，虽然暂时遇到了挫折，也应克服困难，找到摆脱挫折情境的办法，毫不动摇地朝既定目标迈进，最终实现自己的愿望，达到预定的目标。

（2）降低目标，改变行为。当一再尝试既定目标仍不能成功时，当事人能调整目标，变换方式，通过别的方法和途径实现目标，或者把原来制定的过高或不切实际的目标往下调整，以图获得成功。这种对目标的重新审定和转移，不是惧怕困难，而是实事求是的表现，同时有利于避免由于目标不当难以达成而可能产生的焦虑情绪。

（3）改换目标，取而代之。由于自身条件或社会因素的限制，当事人在既定的目标不能实现并受到挫折时，可以改换目标，使需要得到满足。

（4）寻求支持，重整旗鼓。在挫折的打击下，有些人往往感到自己势单力薄，力量有限，从而将注意力转向寻求他人和社会的支持，或找亲朋好友倾诉衷肠，或找领导、团体求助得到帮助和关心，以此来减轻挫折感和烦恼程度。

2. 消极的心理行为表现

（1）焦虑。焦虑是挫折后常见的一种心理反应。适度焦虑可唤醒大脑皮质的觉醒状态，如考试前适度紧张，可增强注意力，提高记忆水平，对提高学习效率、发挥潜能等有一定的积极作用。而过度焦虑则会使注意力不能集中，记忆力下降，思维紊乱，辨别能力降低等，严重的会导致心理疾病，发展成焦虑症。

（2）攻击。挫折常常会引起人的愤怒情绪。当事人为了将愤怒的情绪发泄出去，就可能产生过激的举动，即攻击性行为。

1）直接攻击。指受挫者将愤怒的情绪直接发泄到造成自己挫折的人或物上，多以动作、表情、言语、文字等方式表现出来。如采取辱骂、讽刺等形式侮辱对方人格，甚至侵犯对方身体，以发泄自己内心的不满。

2）转向攻击。不是直接攻击造成挫折的一方，而是将其他人或物作为发泄的对象。

（3）冷漠。这是一种与攻击相反的行为反应。当个人遭遇挫折时表现出无动于衷、漠不关心的态度，似乎毫无情绪反应。其实，冷漠并非不包含愤怒的情绪成分，只是把愤怒暂时压抑，以间接方式表现出来而已。表面上是冷漠退让，内心深处则往往隐藏着很深的痛苦，是一种受压抑极深的反应。

（4）幻想。幻想又称白日梦，指一个人企图以自己想象的虚幻情境来应对挫折，借以摆脱现实的痛苦，并在虚幻情境中寻求满足。此法偶尔用之，可使人暂时摆脱苦恼，缓冲情绪紧张，但对解决实际问题毫无益处；多用则会形成病态的行为反应。

（5）逃避。指有些人遭受挫折后，往往不敢面对现实，而是躲开受挫的现实，放弃原来所追求的目标，回到比较安全的情境。有的人在生活中碰钉子，或者所追求的目标、理想一时不能实现时，便心灰意冷；有的人在学习、工作开始的时候积极性很高，但对困难估计不足，结果一遇挫折便退却下来。例如，有的同学在现实生活中难以面对挫折的挑战，便在网络世界里寻求安慰，甚至在电子游戏中渴求成功。逃避的显著特点是，遇到挫折后便意志消沉、一蹶不振。逃避虽然能使心理紧张得到暂时缓解，但问题并没有解决，长期下去会形成不良适应，使人害怕困难和挫折，不求进取。

（6）自残与自杀。自残与自杀是遭遇挫折后的极端反应。如果挫折的打击来得突然而沉重，受挫者对挫折的承受力又很低，有可能就会深陷于万念俱灰的泥潭而不能自拔。此时，如果得不到外界的帮助，就可能会自暴自弃，伤害自己的身体，甚至产生轻生厌世的想法并付诸行动。

五、挫折的应对策略

1. 树立正确的挫折认知

由于缺乏社会经验和挫折经历，现实生活中一些受挫的同学往往凭自己的主观感受，片面地夸大挫折对其产生的负面影响。对于挫折事件产生的片面认识和判断，会导致心理行为偏差。

在日常生活中，喜悦或悲悯，都只是事件呈现的某一面。正确看待挫折，做好心理建设，可以帮助我们积极面对挫折，养成以全面、动态的眼光看待事物的习惯，理性地看待得与失。

（1）认识“失败”的积极意义。实际生活中，人们把没有成功或没有达到目标都看作失败，这种看法过于片面。许多工作并不能一蹴而就，常常需要经过多次尝试、不断努力，才能有机会圆满完成。每一次的失败都会是下一次努力时的经验与教训，使其一步步接近成功。正如爱迪生在寻找做灯丝的材料时，每失败一次，他都会高兴地说：“呵！我又发现了一种不能做灯丝的材料。”

现实生活中，很多事情不会一帆风顺，成功者的成功之路都是一个又一个失败铺垫而成的。我们应坦然面对失败，树立“失败是有价值的”的意识，投身社会，打磨锤炼，提高自己的挫折承受力。

（2）相信挫折是可以改变的。在挫折面前，逃避不见得是一个明智的选择。因为我们将失去一次锤炼自己的机会，一次证明自己可以的过程。在人类历史的发展进程中，无数人杰以其非凡的经历证明了人类意志的力量。

（3）从挫折中获得更加坚强的意志品质。坚强的意志品质不是凭空而来的，除了从小有意识地培养，挫折是培养强大意志力的关键途径。坚强的意志力最重要的特征就是自制力和坚韧性。具有自制力的人，善于抵制不符合行动目的的主客观因素的干扰，不但能顺利完成自己感兴趣的工作，即使面对枯燥无味的工作，即便遭遇再大的挫折、失败也不会半途而废。这种坚韧性又和自制力密不可分。坚韧性强的人，当遇到突如其来的事情，特别是棘手的事情时，能冷静地分析情况，找出解决问题的办法，不轻举妄动。胜利时不骄傲自满、忘乎所以；失败时不悲观失望，消极等待。而遭遇挫折时，能很快保持情绪的稳定，清醒而理性地分析自己所面临的问题和解决问题的积极意义，调动各种资源，采用更为有效的方法、路径，重新开始新的尝试。

2. 采取必要的心理应对

（1）学会应对不良情绪。对于挫折情境，如果我们不能马上解决，可能会产生怨天尤人、消极沉沦等不良情绪反应，这时候，学会与这些情绪相处是非常重要的。否则任由这些情绪控制自己，我们可能会做出让自己感到后悔的冲动反应。在第四章里，我们介绍了许多应对情绪的方法，学会这些方法能帮助我们以更好的心态面对挫折。

（2）全面分析失败的原因。人们把失败归因于主观因素还是客观因素，对以后的活动以及活动的效率有很大影响。把失败归因于主观因素，会使人感到内疚和无助；把失败归因于客观因素，会产生气愤与不平。

面对挫折，我们应全面分析自己失败的原因。比如，有的同学总是把自己成绩不好归因于运气不好，比如没能猜中题目或埋怨老师的命题和评分，而不去思考自身的学习方法、习惯和能力等方面是否存在问题；还有的同学正好相反，把成绩不好全部归因于自己，因而过多地抱怨或责备自己。这两种情况，都是对学业失败的片面归因，缺乏全面性与完整性。正确的做法是，应当冷静、客观地从两个方面分析失败的原因，然后对症下药，从而有效提高学习成绩。

（3）灵活地应变与调整。外界条件与环境的变化往往不以个人意志为转移。面对出乎意料的变化，我们需要做出及时的应变与调整，比如调整外部环境的计划、目标等，或调整自我的需要、动机、期望值等。通过适时的调整，弱化挫折感给我们带来的消极心理反应。从心理学角度来说，高自我预期会导致较强的挫折感，较低的自我期望形成较弱的挫折感。保持一个合理的期望值，对于挫折的感受会更具理性。

资料卡片

一棵苹果树，终于结果了。

第一年，它结了 10 个苹果，9 个被拿走，自己得到 1 个。对此，苹果树愤愤不平，于是它“自断经脉”，拒绝成长。

第二年，它结了 5 个苹果，4 个被拿走，自己得到 1 个。“哈哈，去年我得到了 10%，今年得到 20%！翻了一番。”苹果树心理平衡了。

于是，当其他苹果树都茁壮成长得愈发繁茂的时候，这棵苹果树却依然矮小，而且长出来的果子很少。果农看到这种情况，就把这棵苹果树砍了，新换了一棵。

当我们自己成长了，我们才会拥有更多的力量去对抗各种挑战，并且不容易被淘汰。而如果过分计较得失，反而耽误了我们自身的成长，那才是危险的事。

3. 树立合适的奋斗目标

人区别于动物的最大特点，是人们会进行有目的、有意识的活动。在追求目标的过程中，我们会产生一种积极的愿为之努力的动力，从而激励自己不畏艰难、排除万难、积极进取。树立一个合适的奋斗目标，有助于我们形成这样的勇气和力量，一往无前，战胜挫折。

课堂活动

制定一个自我成长规划，确定长期、中期、近期的奋斗目标。目标设定要充分考虑自己的兴趣、能力和各种积极因素，也要考虑可能遇到的困难和消极因素，要有落实的具体措施和步骤。

对计划落实情况每周都要做一个自我检查。一是督促自己；二是及时根据情况对计划目标做适当的调整；三是寻求必要的帮助，从而保证计划目标的实现。

剖析自己在执行这份计划时所遭遇的某次挫折，正视自己当时的心理行为，评价自己对挫折的承受能力和解决问题的能力，必要时可以向心理老师或心理医生咨询。

第三节　做更好的决策

我们的人生是一次又一次选择的结果。有人选择了安逸，有人选择了苦难，有人选择了坚持，有人选择了放弃……做出什么样的选择，在一定程度上决定了我们会成为什么样的人，会过什么样的生活。选择是一次次自我重塑的过程，它让我们不断成长，更加完善。

一、决策的含义与特点

生活中，面对很多可能的不同结果，需要我们做出决定。这个过程从小的方面来说是选择，从大的方面来讲就是决策。我们在生活中做出的很多选择或决策对之后的人生都有影响。比如考哪所学校，学哪个专业，去哪个单位工作，以及对伴侣和生活方式的选择等。所以，培养一定的决策能力是我们生命成长的必修课。

1. 决策的含义

什么是决策呢？简单地说，是人的主观意志作用于客观现实的表现。比如三国时期刘备采纳诸葛亮的建议，做出“占据荆、益两州，联孙抗曹，徐图中原”的决策。从古至今，有关决策的经典事例不胜枚举。成功的决策体现了决策者的智慧和勇气，而失败的决策则为后人提供了前车之鉴，成为他们决策的宝贵资源。

决策，简而言之，即“选择、确定策略”，它是一个动态的过程。在决策过程中，个体需要运用自己的感觉、知觉、记忆、思维等认知能力，对情景做出判断和选择。

2. 决策的特点

（1）决策的普遍性。各种各样的决策在我们的生活中随时可见，小到医院挂号、超市结账的排队问题（怎样可以排得更快，然后排到最快的那一队去），大到买房、升学、留学等重大问题，都需要我们反复思考、多方权衡后决策。

（2）决策的选择性。许多的日常选择并不费力，依照我们的经验与习惯可以轻松完成。但在面对紧急或重大选择时，我们的决策会变得困难。好比“男怕入错行，女怕嫁错郎”一样，我们常常在几个选项之间徘徊不定、犹豫不决，我们感受到选择的痛苦，甚至不能做出有效决策。

（3）决策的目的性。我们做决策的目的，就是想取得希望的结果，避免不希望的结果。从这个意义上说，只有我们自己可以定义“好”或“坏”的决策。比如，父母希望我们能考大学，而我们只喜欢捣鼓机械设备，愿意选择到职业学校学习一技之长。在我们看来，这个决策是符合个人特质、态度和价值理念的，我们认为掌握一技之长、成为企业蓝领是最合适的决策。这个决策符合我们的价值观，我们认同蓝领的价值，认为技术工人与工程技术人员没有什么两样，都是一份好的工作，也都能给自己带来幸福的生活前景。决策的目的需要建立在我们对自我的清晰认知上。

二、决策的心理

1. 决策的心理基础

（1）知觉。认知心理学认为，人类的决策有赖于知觉，而知觉则有赖于来自环境和来自知觉者自身的不同形式的信息。这就是说，知觉的产生既有来自外部环境的刺激，也有来自个人自身记忆中的符合外界刺激的相关信息。

在决策的过程中，我们将环境的刺激与记忆中的信息相对照，使两者产生某种联结，也就是定向、抽取特征的过程，这个过程不断循环，直到获得满意的知觉为止。所以说，决策的过程即是知觉的过程，并且这个过程与我们原有的知识经验有关。好比选择穿哪件衣服一样，是参加晚宴还是逛公园，选择会有区别，根据出席场合的不同，去选择正式的服装或休闲的打扮，这是环境对个体的要求，而个体的经验选择符合知觉的环境信息。

（2）记忆。大脑的记忆功能，使人脑形成联想机制和检索机制。即在决策的过程中，一旦需要，就可以把记忆中存储的信息提取出来。比如，要解决一个类似问题时，不用重新研究，就可以把上次解决问题时所收集的信息甚至结论直接提取出来使用，这也是举一反三的过程。

（3）思维。大脑通过信息加工，即思维过程进行决策。比如，选择出行的交通工具，是选择飞机、火车还是汽车，如果选择后因为这样那样的原因不能满足我们的需要，我们就会退回重新选择，这叫作“知觉策略”。从决策的角度来说，决策的整个过程就是由接连不断的解决问题的尝试构成的。任何决策都是在反复抽象、反复研究中形成的，这个过程即是思维的过程。

通过自身积累的或者他人提供的知觉经验，我们的大脑对信息进行加工和分析，可以让我们获得做决策时需要的信息依据，有助于我们做出决策。决策的过程，是知识传递、信息加工和理论推断的过程。现代的人工智能和计算机专家系统运用的正是这种知觉模式。

2. 影响决策的心理因素

很多心理因素会影响我们决策的效果，主要的影响因素有：

（1）首因效应。首因效应又被称为“第一印象的作用”，指的是知觉对象给知觉者留下的第一印象的影响作用。具体地说，就是初次与某人或某事接触时，在心理上产生对某人或某事带有情感因素的定式，从而影响以后对该人或该事的判断。

定式对决策的影响有积极的作用和消极的作用。它的积极作用可以让常规的程序化决策和数据处理实现高度的自动化；它的消极作用表现在，我们会因此形成对某一事物的“偏见”，这种不全面的认知往往因缺乏客观的思考而让我们做出错误的决策。所以，首因效应形成的思维定式和情感定式在一定程度上影响着决策的成败。

（2）经验定式效应。经验定式效应是指决策者对某人或某事采取一贯的处理方法或用习惯性的措施处理该人或该事而造成的影响。在决策中，决策者若对情报和信息以经验来处理，则很容易使决策产生偏差，误导决策。但有时经验可以帮助我们正确迅速地做出决定。所以，经验对决策的影响有好有坏，对以经验做出的决策要加强关注，时刻反馈，有误时及时纠正。

（3）从众效应。从众效应是指个体受到群体的影响，改变自己的观点、判断和行为，朝着群体大多数人一致的方向变化，也就是人们通常说的“随大流”。从众效应的产生源于多种心理和行为上的原因。寻求一致是一种人所共有的、极为普遍的行为心态。从众效应引起的是带有一定盲目性的行为倾向，更多地表现为人际关系方面的依赖性和决定选择方面的被动性。因此，它会对决策过程的优化造成一定的阻碍，影响决策的质量。

3. 决策的心理冲突

在决策的过程中，决策者在两个或两个以上动机同时存在的情况下，出现左右为难的矛盾心理状态，即为心理冲突。心理冲突的表现形式主要有以下三种：

（1）趋避冲突。趋避冲突是指既想达到某个目标又不想付出某种代价，而两者又不能同时实现，因而内心产生矛盾的情况。如作为消费者的我们既希望商品物美又不希望支付高价，而高质量的商品价格一般较高，便宜的商品其质量又不能让我们满意，这时即产生趋避冲突。

（2）双趋冲突。正所谓“鱼和熊掌不可兼得”。双趋冲突是指两个好处都想要，因不可同时兼得而产生的矛盾心理。理性的决策者往往希望决策方案能够一举两得或一举多得，但客观条件又常常使之难以实现。比如，想做的事情很多，但时间和精力有限，只能选择其中一件事情去做，这时候双趋冲突就会产生。

（3）双避冲突。双避冲突是指因对两种同样不利的结果必须进行选择时所产生的心理矛盾。如面对滔滔洪水，必须丢卒保车，炸堤泄洪以保重要区域。由于在哪里泄洪都会带来损失，这种选择困惑就是双避冲突的表现。

当然，决策中所面临的心理冲突远比上述情况复杂，这些因素会在一定程度上影响决策者的情绪及决策的效果。

三、做出更好的决策

作家柳青说：“人生的道路虽然漫长，但紧要处常常只有几步，特别是当人年轻的时候。”为更好地做出有效的决策，在考虑上述因素的基础上，可以学习一些技巧来改进我们的决策。

1. 良好的判断

判断是决策的基础。判断是思维的基本形式之一，就是肯定或否定某种事物的存在，或指明它是否具有某种属性的思维过程。我们在作出判断之前，需要进行大量调查，这也是科学家经常使用的方法。比如，气象专家竺可桢每天观察并记录物候和天气，由于战乱的原因，最终保留下来的日记共计 38 年 37 天，在大量数据记录的基础上，形成了丰富的历史物候资料和研究成果。根据研究数据做出科学推断，可以准确地说明问题，并做出良好的判断。良好的判断可以让我们在做决策时更加明智。

2. 弄清自己的价值和目标

我们需要认真地审视自己，弄清自己的价值所在，明确自己的奋斗目标。比如，“做一名合格的蓝领，实现自己的工匠价值”——这种对自我价值的认识和目标的选择可以指导我们更清晰地做出决策。我们经常会在学习和娱乐之间难以抉择，而那些清楚自己在学校里希望获得什么的同学，将会更有效地作出他们的日常决策。当他们在学习和娱乐的选择上发生冲突时，能更好地分配时间，优先满足自己的目标需求。

资料卡片

港珠澳大桥连接香港、珠海和澳门，是迄今为止世界上最长、施工难度最大的跨海大桥。

工程中最大的挑战就是在茫茫大海中央修建一条5.6千米长的海底隧道，其长度、规模、施工工艺都是我国首次尝试。因此，一些经验丰富的老技师也面临着全新的挑战，钳工管延安就是其中的一个。

管延安18岁就开始跟着师傅学习钳工，“干一行，爱一行，钻一行”是他对自己的要求，有空的时候就看书学习，是他最大的工余爱好。二十多年的勤学苦练和对工作的专注，心灵手巧的他不但精通錾、削、钻、铰、攻、套、铆、磨、矫正、弯形等各门钳工工艺，而且对电气安装调试、设备维修也是得心应手。

在港珠澳大桥工程建设中，管延安要进入完全封闭的海底沉管隧道中安装操作仪器。按规定，接缝处间隙误差要小于1毫米，他却能做到零误差。只有初中文化的他，全凭自学成为安装海底隧道对接设备的第一人。他所安装的沉管设备，已成功完成16次海底隧道对接。

能成就这一切，是管延安对技工成才之路的选择，对技工这个职业的敬畏，以及对自身职业价值的认可。管延安以匠人之心追求技艺的极致，让海底隧道成为他实现梦想的平台。

3. 接受合理的结果

具有完美主义倾向的人总是希望有个完美的结果，因此在决策的过程中常常会思虑良久、犹豫不决甚至无法做出决策。对我们来说，接受一个合理的结果比追求完美来得更加明智，就像“最好的未必是适合的，适合的就是最好的”，凡事没有绝对的好与坏。中考的结果与自我期望的不一致，我们或许把它称为不完美，但现在看来，或许恰恰又是最合理的，因为掌握娴熟的专业技能可能更适合我们的职业生涯，在满足国家对技能人才迫切需求的同时，实现人生的价值。

4. 善于利用失败的决策

由于环境的局限、个人的看法、不可预知的意外等原因，我们不可能保证所有的决策都是成功的。成功的决策让人满意，失败的决策可以提供经验。在失败的决策中学习本身也是一项积极的决策。比如，某位同学在入学时选择了电气自动化专业，经过一年的学习后，他的学习效果并不是太好。理工科是这位同学的短板，选择这个专业现在看来不是一个好的决策。这时候的他没有放弃学业，做出退学的决定，而是根据一年来在学习过程中培养的兴趣和自己的特长，为自己申请了一个更合适的专业。我们可以在自己的决策错误中学习，评估决策的后果，总结失败的原因，选择更加满意的备选项，通过修正决策从而最终获得自己想要的结果。

生活赋予我们选择的机会，让我们在一次次的决策中改变与成长。我们在决策的过程中审视自己的问题和尚未开发的潜能，不仅仅是检查日常行为背后的基本决策，更重要的是将改变的意愿转化为改变的行动。因为，一旦我们知道自己想要做什么并真的下定决心去做的时候，就已经走在正确的道路上了。这些真正的改变，可以让我们成长得更好。

探究与体验

每个人的人生之路都有自己的精彩，你的未来是什么样子呢？我们来画一画自己的未来之路。具体步骤如下：

1. 在白纸上方中央写上“某某的未来之路”。

2. 在白纸的中央从左到右画一条直线，建议直线画得长一些，然后在直线的最右端画上一个箭头，使它成为一个有方向的线。

3. 这条线的最左端代表现在的你，在此处写出你目前的状况，包括学习、交友、兴趣、家庭等。

4. 每十年为一个阶段（可以用不同颜色），描绘出自己每十年的目标（如毕业、工作、婚姻、孩子、人际关系等）。

5. 在以上所需要达到的目标中按照重要性选择三个，并标记上 1、2、3。

分享讨论：

对于人生中最重要的三个目标，你是如何做出选择的呢？你打算如何去实现呢？过去、现在与未来，你觉得它们之间的关系是怎样的呢？如果中间出现变化，或者变故，你准备如何应对？

第六章　塑造健全人格

人格，是个体身上最具色彩的闪光点。具有伟大人格的人，在历史长河中，有不为五斗米折腰、辞官归隐于田园的陶渊明，有令人尊敬和爱戴的新中国总理周恩来，有在漫长的轮椅生涯里自强自尊的作家史铁生……

人格是精神，是信念，是内心的强大，更是一种无形的力量。古语曰：“以力服人者，非心服也，力不赡也；以德服人者，心悦而诚服也。”这种让人心悦诚服的东西，正是人格的力量。无数先贤和身边的榜样，他们砥砺人格，成就了自己大格局的人生。

第一节　认识健全人格

在古人看来，知人是最难的一件事。“夫知人之性，莫难察焉。”为了达到“知人”而“善任”的目的，现代心理学专门发展出了一个分支，即人格心理学。

一、什么是人格

从人格心理学的角度说，人格也叫“个性”，有时也叫“品格”，是人在社会舞台上用自己的行为表现出来的不同于他人的一种“角色”，或者说，是一个人区别于其他人的基本的精神面貌。所以，人格又被心理学家比喻成戴在脸上的“面具”或穿在身上的“制服”。

一个人的人格，如果没有遇到特别重大的刺激，一般在16～18岁时基本形成，以后就是不断调整、修补和完善了。

人格还有名誉、价值、道德品质及其他各种社会含义。我们有时会听人说：“你放心，这件事情我用人格担保，一定能做好。”这里的“人格”更多地指一个人的名誉和价值观。

在某种情境下有人会气愤地说：“这是对我人格的污辱!”这里的“人格”又属于法律范畴，专指法律赋予每个人的精神尊严。

我们也会在某种场合赞美某人很有人格魅力。人格魅力是指一个人在性格、气质、能力、道德品质等方面具有的能吸引人的力量。具有人格魅力的人，一定是受到别人接纳、欢迎，并且能够在某种程度上对他人产生影响的人。这样的人，其人格不但健康，而且高尚。

资料卡片

一个著名教授的三个得意门生均事业有成：一个在政坛上春风得意，一个在商场上捷报频传，一个在学术界成果迭出。

于是有人问这位教授：你以为三人中哪个将来会更有成就？老教授说：现在还看不出来。人生的成长与发展有三个层次，最低层次是能力的成长与发展，其次是智慧的成长与发展，他们现在正处于这一层次，而最高层次的则是人格的成长与发展。

这个故事生动地向我们说明，在人的素质结构中，人格起着近乎决定性作用，因为人与人之间最后的差别就在于人格。

马克思说，特殊的人格的本质不是人的胡子、血液、抽象的肉体本性，而是人的社会特质。在社会群体中，人之所以区别于人，本质的差别就在于人格特质的不同。

二、人格的构成

人格结构是一个包括认知、气质、性格、能力、自我调整等多方面的复杂系统，从狭义的角度来理解，人格包括人的气质和性格。

1. 气质

气质是表现在心理活动的强度、速度、稳定性和灵活性等动力特点方面的心理特征。如人们思维的快慢、情绪的稳定性、意志的强弱、注意力的集中度、言谈举止的敏捷性等，都是心理活动动力特征的表现。通俗地讲，气质相当于日常生活中我们所说的性情、秉性和脾气。

（1）气质的四种类型。现代人格心理学沿用了古希腊医生希波克拉底体液说提出的四种典型气质类型，即胆汁质、多血质、黏液质和抑郁质。

1）胆汁质。其神经过程的特点是强但不平衡。这种类型的人感受性低而耐受性高，能忍受强刺激，能坚持长时间工作而不知疲劳，显得精力旺盛、行为外向、直爽热情、情绪兴奋，但心境变化剧烈，脾气暴躁，难以克制自我。

2）多血质。其神经过程的特点是强、平衡且灵活。这种类型的人感受性低而耐受性高，活泼好动、言行敏捷、反应迅速、行为外向，容易适应外界环境的变化，容易接受新事物，但注意力容易分散，兴趣多变，情绪不够稳定。

3）黏液质。其神经过程的特点是强、平衡但不灵活。这种类型的人感受性低而耐受性高，反应快，情绪兴奋性低但平衡；举止平和，行为内向；做事有条不紊，但容易循规蹈矩；注意力容易集中，稳定性强；不善言谈，交际适度。

4）抑郁质。其神经过程的特点是弱，而且兴奋过程更弱。这种类型的人感受性高而耐受性低，多疑多虑，内心体验深刻，行为极端内向；敏感，机智，注意细节；胆小孤僻，情绪的兴奋性弱，爱独处，不爱交往；做事认真、仔细，动作迟缓，防御反应明显。

资料卡片

丹麦漫画家皮特斯特鲁普的漫画《一顶帽子》生动地描述了四种典型气质类型的人对同一事件的不同反应。

在公共长椅上，帽子的主人在看到自己的帽子被人坐在屁股底下压坏后，不同气质类型的人的反应是不同的：

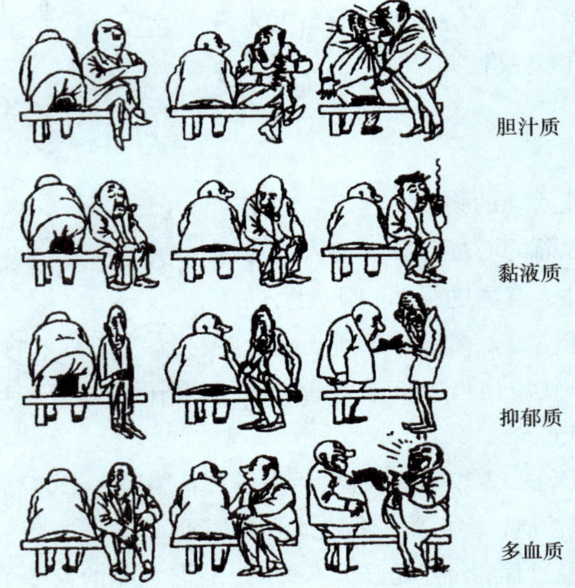

胆汁质型主人大发雷霆，抓着对方的衣领要求给个说法；

黏液质型主人看见后，什么也没说，默默地抽起了闷烟；

抑郁质型主人感到很委屈，伤心地拿起压坏的帽子长吁短叹；

多血质型主人幽默地打趣这顶被压坏的帽子像极了一只小鸟。

（2）气质的特点。上述是较为典型的四种气质类型的外在表现，但真正属于这四种气质类型的人并不太多，大多数人是中间型或混合型的。生活中，我们要从实际出发，客观科学地看待气质类型。

1）气质具有稳定性和可塑性。正所谓“江山易改，禀性难移”，建立在人的神经过程特点基础上的气质类型受先天因素影响，所以遗传因素相同或相近的人在气质类型上比较相似。若没有重大极端事件的影响，人的气质类型相对稳定。即使被影响后，如果条件合适，原来的心理面貌也会得到恢复。同时，我们所处的社会环境、学校环境、家庭环境会潜移默化地在我们的先天基础上塑造气质，正如“腹有诗书气自华”，这与常练芭蕾舞的人举手投足显出优雅气质的道理一样。

2）气质类型没有好坏之分。不同气质类型的人都会有各自擅长的、适宜的工作。气质类型没有好坏之分，每种气质类型既有优点又有各自的局限性。所以，生活中自觉发扬特定气质的积极方面，努力克服其中的消极方面，发挥自己的特长，就能在某个领域取得自己的成就。

3）气质类型能够影响工作效率。不同社会实践领域的工作对人的要求是不同的，我们在选择工作的时候，要考虑自己的气质类型对于工作的适宜性。比如，多血质的人可以从事环境多变或与人交往的工作，但难以从事较为单调、需要持久耐心的工作。抑郁质的人适合从事长期稳定的、细致的、研究性的工作，但在人际交往方面就显得有些困难。

4）气质类型对人的性格特征形成的影响。气质类型对于个体性格的形成存在一定程度的影响。比如，胆汁质的人容易形成果断、勇敢、热情的性格特征，但却不容易形成克制、容忍的性格；多血质的人容易形成机智、开朗的性格特征，但不容易形成细致、耐心的性格特征。

5）气质类型影响个体对环境的适应能力。不同气质类型的人对于环境的适应方式各有不同。比如，多血质的人机智灵敏，常用巧妙的办法应付环境的变化；黏液质的人则常用忍耐的方式；胆汁质的人在不利环境下常会发生攻击性行为；抑郁质的人敏感多虑，他们被动地适应环境，常常感到伤害和挫折。一般说来，气质类型极端的人的情绪兴奋性太强或太弱，适应环境的能力比较差，容易使身体健康受到影响。

（3）气质的完善。现代心理学研究表明，气质的类型取决于遗传，因此相对于主要靠后天形成的性格而言相对稳定，但这并不意味着不可改变。在社会生活中，人们往往说某人很有气质，说的就是气质所表现出来的社会特征。因此，只要我们在社会活动中，注重提升和强化自己的内在气质，抑制和克服气质成分中的不良因素，就能够完善我们的气质构成，也就能够为我们的健全人格奠定坚实的基础。

2. 性格

（1）性格的定义。性格是表现在人对客观事物的态度和与这种态度相适应的行为方式上的人格特征。我们对现实的态度表现在生活中的我们追求什么、在意什么或者否定什么、拒绝什么，这些态度决定了我们做或不做哪些事情，以及怎样去做的行为方式。

一个人对现实的稳定态度决定了他的行为方式，而习惯化了的行为方式又体现了他对现实的态度。比如，我们对工作或学习的敬畏之心就是我们的态度，这样的态度决定了我们在学习或工作过程中采取的认真勤学、一丝不苟的行为方式。简言之，态度决定行为，行为的好坏反映我们对现实的态度。

性格不同于气质。气质更多地体现人格的生物属性，性格则更多地体现人格的社会属性。比如，一个人是关心他人乐于助人的，还是自私自利损人利己的，表现了这个人对他人、对社会的态度特征，有明显的社会道德评价的意义，直接反映了此人的道德风貌。因此，个体之间人格差异的核心是性格的差异。

（2）性格的结构。一般情况下，我们分析一个人的性格，主要考察其态度特征、意志特征、情绪特征和理智特征等。

1）态度特征，是指一个人如何处理社会各方面关系的性格特征。比如，对集体的热爱、对工作的热情、对劳动的负责、对学习的认真、对他人的诚恳等。

2）意志特征，是指一个人对自己的行为自觉地进行调节的特征。比如，我们在学习过程中的自觉性、实现目标的坚韧性、克服困难的勇气和毅力等。

3）情绪特征，是指一个人的情绪对其活动的影响，以及对自身情绪的控制能力。比如，我们善于控制不良情绪，保持积极乐观的心境状态，情绪稳定而平和。

4）理智特征，是指一个人在认知活动中的性格特征，表现在认知的独立性、想象的现实性和思维活动的精确性三个方面。比如，我们乐于观察、善于思考，形成自己的认识和观点，这是独立性的表现；生活中有人爱幻想、有人求务实；有人看问题能全面分析，有人则可能仅仅从某个方面看问题等。

性格的这几方面特征彼此关联、互相影响并有机地组成了一个整体。其中，性格的态度特征是核心，对社会、对集体的态度又是最为重要的态度。一个对社会、对集体具有高度责任感的人，对学习或工作一定是刻苦敬业的，对他人是热情诚恳的，对自己是严格要求的。因此，在分析一个人的性格时，抓住他性格的主要特征，也就可以由此预见他在其他方面的性格特征。

当然，如果要全面了解一个人的性格特征，需要结合不同场合的行为表现综合考察。好比“侠骨柔情”说的就是一个人在不同场合表现的不同性格特征，体现了性格的丰富性。

（3）性格的分类。根据性格的倾向性，有人把性格分为内向型、外向型和中间型三类。内向型的人处世谨慎，思维缜密，不喜交际；外向型的人活泼开朗，善于交际，容易适应环境的变化；中间型的人则介于两者之间。

按照人的独立性程度，有人把性格分为独立型和顺从型两类。独立型的人办事果敢，具有独立发现问题、解决问题的能力，不易受外来事物的干扰，应激能力强；顺从型的人独立性较弱，易受环境的干扰，应激能力相对较弱。

也有人将性格分为意志型、情绪型、理智型。情绪型的人通常易受情绪左右；意志型的人自制力较强；理智型的人处世冷静，以理智支配和控制自己的行为。

由于性格结构的复杂性，人的性格类型多种多样，对于绝大多数人来说，性格特征都是多种类型的复合，只是其中的某些特征比较明显罢了。

我们现在的性格特征是什么？有哪些优势？有哪些缺点？这是我们需要自我认知以及在生活实践中特别关注的。人的性格主要是在后天形成的，是可以培养和改变的。一般来说，幼儿阶段是性格的雏形期，小学阶段是性格的构成期，中学阶段是性格的发展期，青年时期是性格的塑造期，到了成年期性格才渐趋稳定。在成长的过程中，我们必须注重培养和塑造良好的性格特征，这对于我们养成健全的人格具有决定性的意义。

课堂活动

性格的缺陷会形成人格障碍，因此，了解一些不良的性格表现有助于我们预防人格障碍的出现。不良的性格表现主要有：

（1）以自我为中心，有极强的嫉妒心。

（2）对集体工作缺乏责任感，敷衍了事，或浮夸不实，或完全置身于集体之外。

（3）虚伪，固执，爱吹毛求疵。

（4）不尊重他人，操纵欲、支配欲强。

（5）对人冷漠，孤僻，不合群。

（6）有敌对、猜疑和报复的心理。

（7）行为古怪，喜怒无常，粗鲁、粗暴，神经质。

（8）狂妄自大，自命不凡。

（9）学习成绩好，但不肯帮助别人，甚至瞧不起别人。

（10）自我期望很高，气量狭小，对人际关系过度敏感。

（11）想方设法逢迎有权势的人。

（12）做事缺乏动力，无组织无纪律，不求上进。

（13）兴趣贫乏。

（14）生活无规律、不肯约束自己。

一个人从童年或少年时期开始形成自己的性格，但基于气质和后天形成的性格如果显著偏离常态，且稳定、持久和适应不良，我们就称之为人格障碍。人格障碍有不同的类型，以下是常见的一些特点：

（1）情绪行为紊乱不定，与人难以相处。

（2）把自己遇到的一切困难都归咎于命运和别人的错误；把社会和外界对自己不利的条件都看作是不应该的，而对自己的缺点却无所觉察，也不改正。

（3）对他人不负责任，对不道德的行为没有罪恶感，对伤害他人不后悔，对自己的不良行为总是偏袒与辩护。

（4）在任何环境中都表现出猜疑、仇视和偏激的看法。

（5）行为后果伤害别人，而自己却若无其事，泰然自若。

对照上述表述，看看自己在性格乃至人格方面存在哪些问题，在日常生活、学习、工作中给自己带来了哪些困惑。写下来，根据下列健全人格的标准及相关内容，想想应如何克服和解决。

三、健全人格的标准

健全人格是气质、性格、价值观和谐、全面、健康发展的良好状态，是与社会环境相适应，为社会其他成员所接受而又充分表现个人特征的行为模式。

1. 健全人格的心理特征

不同学派的心理学家对健全人格的探讨大都从人的认知水准、情绪调控、意志品质和行为表现的角度来评判。下列是公认的人格健全的心理特质：

（1）幸福感，这是最有价值的特质；

（2）和谐，包括内部心理和谐发展及与环境的和谐；

（3）有自尊感；

（4）个人的成长，即潜能的发挥；

（5）个人的成熟；

（6）与环境保持良好接触；

（7）在环境中保持有效适应；

（8）在环境中保持相对独立。

2. 健全人格的标准

健全人格是各种人格特征的结合，综合起来有以下三个方面。

（1）内部心理和谐发展。人格健全者的需要和动机、兴趣和爱好、智慧和才能、人生观和价值观、理想和信念、性格和气质都向健康的方向发展。他们的内心协调一致，言行统一，能正确认识和评价自己的所作所为是否符合客观要求，是否符合社会道德准则，能及时调整个体与外部世界的关系。如果一个人失去人格内在统一性，就会出现认知扭曲、情绪失控、行为变态等问题。

（2）能够正确处理和发展人际关系。人格健全者应能准确地从别人的言语、行为中体察对方的思想、愿望和感受，了解别人对自己的看法和态度。而且，他对别人的了解是建立在事实基础上的而不是主观臆测。此外，他对人的态度特征和人际交往技能应有助于建立适宜的人际关系。这样的人在人际交往中显示出自尊和被他人尊重、理解和信任、同情和善良等优良品质。很难想象那些嫉妒心很强的人能在互惠的基础上与人合作，傲慢自大的人绝不会虚心地倾听别人的意见。人格健全者，在日常交往中既不随波逐流，也不孤芳自赏，能够使自己的行为与朋友、同事、同学协调一致。

（3）能有效运用智慧和能力并获得成功。人格健全者能在学习、工作中被强烈的创造动机和热情所推动，并且与他们的能力有效结合起来，从而使他们勇于创造，善于创造，经常有所发现，有所发明，有所建树。成功又为他们带来满足和喜悦，并形成新的动机和兴趣，使他们能够得到良性发展。

第二节　培养人格魅力

高尚的人格，是黑夜里的一颗星，是寒冬里的一团火，散发光芒，给人温暖；坚毅的人格，是逆境中的坚韧，是痛苦中的乐观，忠于内心，执着信念。

一、认识人格魅力

人格魅力是指一个人在态度、情绪、意志、品质等方面具有的能吸引人的力量，这种力量是积极向上的、正面的、温暖的和有价值的。简言之，人格魅力是一种人品、能力、情感的综合体现。

我们每一个个体，不仅是自然人，更是社会人，都处在一定的社会形态和组织结构中，我们不是孤立的存在，离不开与他人的交往。

在态度、情绪、意志、品质等方面拥有优秀特质的人，往往是群体中具有人格魅力的人。

资料卡片

《美丽人生》是一部反映第二次世界大战期间犹太集中营悲惨生活的意大利影片。因为战争，犹太父子俩被抓进集中营。父亲将集中营的残酷编织成孩子眼中的一个有趣游戏，并与儿子约定好游戏规则。自始至终，儿子不曾看到战争的真相，不曾看到赤裸裸的罪恶与黑暗，他被弥漫着父爱的“谎言”包围。影片中，即使身处黑暗，死亡近在眼前，父亲依然用爱、用生命保护着他的妻儿。影片主人公的幽默、机智和乐观带给我们感动和震撼，我们同样感受到他的幸福与满足，这种幸福冲开战争的阴霾，虽然短暂，但带给人们希望。

1999 年，《美丽人生》在第 71 届奥斯卡金像奖中获得最佳外语片、最佳男主角、最佳配乐三项奖项。

二、人格魅力的社会要素

1. 合作

人格健全的人一般都同别人有良好的交往和融洽的关系。尤其在团队中，他们可以很好地理解别人，包容别人的不足和缺陷，能够对别人表示同情，具有给别人以温暖、关怀和爱的能力。一个人如果长期缺乏与人的积极合作，就很难建立稳定良好的人际关系，无法发挥自己作为团队成员的应有价值，严重的会成为“嫌弃型”团队成员，这将直接影响其心理健康状况及健康人格的养成。

2. 共情

共情是指能设身处地地体验他人的处境，对他人的情绪情感具备感受力和理解力。在与他人交流时，能进入对方的精神境界，感受对方的内心世界，能将心比心地体谅对方，并对对方的感情做出恰当的反应。共情的意义主要有：

（1）共情可以使对方感到自己被接纳、被理解和被尊重，从而产生一种愉快、满足感，有助于双方进一步沟通。

（2）共情可以促进对方自我表达、自我探索，从而达到更多、更深的沟通。

（3）共情可以使人更准确地察觉和理解另一个人的思想和感情。

（4）共情有助于发展爱心、利他、宽容、合作、尊重、善解人意等人格品质。

共情能力的培养，是一个长期人格修养的过程，需要从日常生活的点点滴滴做起。只要怀着一颗真诚的心，共情就会在不知不觉中形成和完善。

3. 真诚

真诚是一种优异的人格品质，至少包括以下三个方面的内容：

（1）真实。自己对他人或事情的看法，不管是积极的还是消极的，都应该是真实的。

（2）诚恳。自己的态度能让对方体会到是真心替他着想。

（3）重视。不管自己的看法是肯定的还是否定的，都要让对方体会到对他的重视，并且是发自内心的。

真诚是发自内心的一种情感，因此具有极强的感召力。

4. 自信

自信是健康人格的核心要素和一个人成功的源泉。一个充满自信的人，常常表现出乐观进取、勇于奋斗、不向困难折腰的精神；在他的身上充满着活力、亲和力；对于别人的批评，他能够坦然接受与面对。

自信的人能够了解自身的需求，懂得肯定并欣赏自己。同时，也更会欣赏他人，成语“惺惺相惜”说的就是这个意思。

自信的人能够清楚、直接、坦诚、适当地表达自己真实的情感、态度和想法；能够对自己的生活与选择负责，不盲从、不怨天尤人；能够积极乐观地对待周围的事物，并在需要做出决策的时候，能够以适度的应激水平，以正常的心智能力果断独立决策，从而引领或者促进问题的正确解决。

5. 创新精神

具有创新精神的人，在性格上有许多共同的特征，主要有：

（1）探索性。探索性的具体表现是“喜欢探索未知世界”“喜欢琢磨各种事”“专拣硬骨头啃，嫌容易的没意思”。

（2）独立性。独立性的具体表现是“总是有与众不同的见解”“不管别人怎么想和反对，也要明确说出自己的意见”等。

（3）灵活性。具有灵活性的人容易适应环境的变化，容易接受新事物，具有较好的开放性、宽容性，爱好广泛，具体表现是“能很快适应新情况”“闻过则改”等。

（4）坚韧性。这是一种精神上的耐久力。顽强、执着、热情、努力，有献身精神、毅力、忍耐性等，具体表现是“一旦开始就非干到最后不放手”“坚持不懈、锲而不舍”等。

三、提升人格魅力的路径

一个具有人格魅力的人是如何养成的呢？

1. 人格魅力来自广博的知识和深厚的文化底蕴

腹有诗书气自华。通过阅读，可以丰富我们的知识，培养和提升我们的气质。

2. 人格魅力来自得体的人际交往

人格魅力产生于我们的社会交往。在社会生活中，我们和他人联系时常常感受到情感或心理上的相互吸引，这种联系让我们感到温暖，增添勇气，感受快乐。

有些人与我们或许只有一面之缘，却能引起我们的注意，让我们感到喜悦，并发自内心的欣赏。是什么打动了我们呢？是他的人格魅力。这种魅力，可能是在他的微笑里，也可能是在他待人接物的言谈举止里。他的存在给予我们一个感受或印象，即他是受人喜欢的，他的身上具有令人尊敬的、让人喜悦的特质。这种特质吸引我们与他接近，与他交往，甚至成为朋友。

资料卡片

后汉时，有一个人叫朱晖，他在读太学期间，结识了朝廷重臣张堪，两人甚为投机。

张堪对朱晖的才学和人品非常赏识，又恰好是同乡，有意提携他，却被朱晖婉言谢绝了。但张堪一心把他当作知己，推心置腹地对朱晖说："你真是一个自持的人，值得信赖，将来我走后，我愿把身家与妻儿托付给你。"面对张堪的话语，朱晖心里非常感动，表面却只是恭敬地答道："岂敢，岂敢。"

朱张二人挥手作别后，便失去联络，再没有碰面。后来张堪因病亡故，他为官清廉，死后也没有什么遗产，家人的生活顿时变得窘迫起来。朱晖知道后，便全力接济张堪的家人。

朱晖的儿子不解："我们以前没有听说过你与张堪有什么深交，你为什么如此厚待他的家人？"朱晖说："张堪生前对我有知己相托之言，我嘴上虽然未置可否，但心中已经答应了。""既然你们互为知己，为何常年不见往来？"朱晖答道："当初他身居高位，并不需要我的帮助；如今他离去了，家人生活得很不好，才需要我这个朋友出面帮忙呀。"

朱张二人虽地位悬殊，但心灵相通，双方不因权重而献媚，不因位高而倨傲。他们的相互吸引来自对彼此品格和气节的敬重，虽无承诺，情义在心中，虽无誓言，肝胆存天地，而成就他们动人关系的是人格魅力。

3. 人格魅力来自自信的力量

我们的魅力来自自身所拥有的“钻石”宝藏，这些宝藏需要我们去挖掘和开拓，将自己的闪光之处放大一些，我们的自信就能增多一些。只要正确、客观地认识自己，相信自己的能力，真诚地投入自我完善，那么，我们的本领可以增长，心胸可以更加开阔，见识可以无限丰富，气质可以大大提升。自信让我们变得更加强大，自信让我们变得魅力无限。

心理学上的杜根定律指出，强者未必是胜利者，而胜利迟早都属于有信心的人。自信是激励自己为达到所希望目标的积极态度，有信心的人从内心认定自己能行，就会形成奋斗的无穷动力，克服万难，无所畏惧，最终实现自我超越。

在生活中，我们找到自身隐藏的优点，并将其放大，不断建立自信，在目标的指引下，付出辛劳，获得的成就感和满足感会让我们更有效率地投入学习和工作，让我们的生活更有激情、更有意义，这是我们外貌之外的更持久的魅力。

4. 人格魅力来自品德的力量

培根曾说，利人的品德我认为就是善。在性格中具有这种天然倾向的人，就是“仁者”，这是人类的一切精神和道德品格中最伟大的一种。一个人拥有诸如善良的卓越的品格，会形成魅力并受人尊重。

资料卡片

顾颉刚在北大求学时因患有口吃，再加上浓重的苏州口音，所以说话时很多初次接触的人都听不大懂。

有一年，顾颉刚因病从北大休学回家，寝室里的几个室友不远千里坐火车送他回苏州。因为大家担心他的病情，室友们情绪并不高，都端坐在车座上闭目养神。顾颉刚为了缓解气氛，率先打破沉闷。他将目光投向了邻座一位和自己年龄相仿的年轻人身上，主动和对方打招呼：“你好，你也……是……是去苏州的吗?”

年轻人转过脸看着顾颉刚，却没有说话，只是微笑着点点头。

“出去……求……求学的？”顾颉刚继续找话。

年轻人仍是微笑着点点头。一时间，两个人的谈话因为一个人的不配合有些冷场。

“你什么……时候……到终点站呢？”顾颉刚为了化解尴尬，没有在意对方的少言寡语，继续追问着。

年轻人依旧沉默不语。而这时，坐在顾颉刚不远处的一位室友看不过去了，生气地责问道：“你这个人怎么回事？没听见他正和你说话吗？”

年轻人没有作声，照旧回以微笑。

顾颉刚伸手示意室友不要为此与对方争执。室友见状，便不再理这个只会点头微笑的“木疙瘩”，而是转过身和顾颉刚交谈起来。

当顾颉刚一行快到站准备下车的时候，顾颉刚突然发现那个年轻人不知什么时候已经走了。果盘下压着的一张字条，上写：“兄弟，我叫冯友兰。很抱歉我刚才的所作所为。我也是有口吃的毛病，而且是越急越说不出话来。我之所以没有和你搭话，是因为我不想让你误解，以为我在学你说话，嘲笑你。”

出于尊重，冯友兰宁愿被人误解，也坚持不说话，这份品格是格外值得称赞的。在现实生活中，不揭露他人的短处，能站在他人的角度考虑问题，是尊重他人的一种基本方式。尊重他人，体察他人的情感，是一个独立人格的基本品质。

5. 人格魅力来自坚定的信念和无畏的勇气

坚定的信念和无畏的勇气，让我们无论身处何处，即使处于人生困境或低谷，都有来自内心的强大力量，克服困难，坚持不懈，迎接希望和光明。

资料卡片

“经历过许多之后，能够沉淀下来的，还是那些火热的战斗岁月。”说起当年，说起试飞，李中华的眼睛里仍然有一种难以隐藏的执着和热情……。

1983 年，李中华从南京航空学院毕业，成为空军从地方大学毕业生中招收的首批飞行员。1989 年 9 月，李中华被空军选拔为试飞员，他选择了与死神“对阵”的人生之路。2017 年 7 月，李中华被授予“八一勋章”。

“与死神20次‘掰手腕’，我都赢了。只要科学加勇气，下次一定还会赢。”自从当上了试飞员，李中华就与风险紧紧联系在了一起，他先后试飞过歼击机、歼击轰炸机和运输机等3个机种26种机型，安全飞行近2 300个小时，成功处置20次空中险情。一次次与死神擦肩而过，却从未动摇过他对试飞事业的执着追求。

在他的试飞生涯中，曾经遇到三险齐发的情况。1999年5月18日，李中华和战友李存宝驾驶某型国产飞机驶入万米高空，进行正尾旋科目试飞。飞机刚刚正常旋转了一圈，突然，发动机“咔嚓”一声怪响，飞机急剧滚转。不久，又进入更加险恶的倒飞尾旋，飞机接连翻滚。

李中华和战友密切配合，刚刚控制了飞机，意想不到的情况又发生了：发动机停车！

停车，导致空调系统失灵，转眼间，座舱玻璃上就结了一层冰霜。李中华一边用手套擦拭玻璃，一边冷静地按程序做好空中启动准备。

30秒后，他按下启动按钮，引擎又发出悦耳的欢唱……。

漫漫试飞路，20次遇险，如今的李中华说起这些惊心动魄的往事，语调平缓，就像面对过眼烟云。在李中华看来，试飞员遇险不足为奇，平安无事才不可思议，和危险抗争、搏斗，直至战胜它，是试飞员的使命，更是试飞员的光荣！

试飞员驾驶的是尚未定型的飞机，每一次试飞都是在“试错”。在这个危机四伏的岗位上，经过一次又一次风险的考验，李中华早已变得浑身是胆。在赢得了与死神掰手腕的竞赛后，他的脸上洋溢着亲切平和的笑容，浑身上下依然透着干练，这让我们感受到了无畏的、勇敢坚毅的人格魅力。

探究与体验

1924年，邓稼先出生于安徽怀宁。1948年，邓稼先赴美留学，并仅用1年多的时间就获得了博士学位。美国打算用优厚的条件把邓稼先留下，但是心系祖国的邓稼先放弃了优越的工作条件和生活环境，于1950年毅然回国，投身到建设新中国的事业中。

1958年，我国决定依靠自己的力量研制原子弹。随后，邓稼先义无反顾地加入了这项极其艰苦、充满危险又不知何时是终点的工作，并消失在外界的视线中。这一干便是28年。研究刚开始，邓稼先便组织了理论队伍对原子弹的物理进程进行大量的模拟计算和分析。在当时的艰苦条件下，他们团队仅仅拥有几台电动计算机和手摇计算机，这样的计算量对于他们而言是个巨大的考验，但是，凭借着不分昼夜的努力和一丝不苟的工作态度，他们最终得到了正确的计算结果和物理图像，积累了丰富的数值计算经验。这份成功背后的艰辛，是我们常人难以想象的。

1962年年底，邓稼先领导起草了我国第一颗原子弹的理论方案，为我国核武器研究奠定了基础。1964年10月，我国成功爆炸的第一颗原子弹，就是由他最后签字确定了设计方案。之后，他又同于敏等人投入对氢弹的研究。按照“邓—于方案”，最后终于制成了氢弹，并于原子弹爆炸后的2年零8个月试验成功。

“鞠躬尽瘁，死而后已”，邓稼先先生用一生诠释了这八个字。为了国家的国防科技事业，他毫无保留地奉献了自己的全部。斯人已逝，精神长存。他的先进事迹和他的艰苦奋斗、舍生忘死的革命精神依然在激励着一代代的科技工作者，为国家贡献自己的光和热。

说一说：你还知道哪些名人的故事，他们的哪些品质是能够深深地打动你的？

想一想：在你的成长中，有什么事情让你感觉自己是有力量的？

找一找：发现你和你身边的“星光”。

写一写：与偶像或优秀的人比，你和他的相似之处在哪些方面？完成下表：

序号	偶像及其优秀品质	我的相似之处
1		
2		
3		
4		
5		
6		

第七章　促进同伴交往

一位哲人说过："没有交往能力的人，就像陆地上的船，永远到不了人生的大海。"我们的成长，都是在人际交往中进行的。在我们与他人交往的过程中，会遇到各种各样的伙伴。我们的童年，父母是我们最初的伙伴；学生时代，同学是我们最温暖的伙伴；成家后，爱人是我们最长情的伴侣。交往的过程，就是心理交汇的过程，这个过程给予我们力量，赋予我们美好。

处于青春期的我们，随着认知能力的逐渐成熟，与父母相处的时间渐渐减少，与同伴交往的时间越来越多。我们接触到一个更大的、全新的、更丰富的同伴群体，相互之间在语言、时尚、兴趣、活动、爱好、价值观等方面存在共同之处，我们更容易认可并理解彼此。与同伴的亲密交往可以发展为友谊，也会因为异性之间的相互吸引而成为恋人。伴随着内心成长的需求，一切清纯美好的亲密交往，都会让我们内心充盈，精神愉悦，携手走过一段美丽的青春，而由此形成的交往能力则会影响我们的一生。

第一节　与同伴共成长

我们每天的生活都会与他人发生联系，如与家人、老师、同学、朋友，还有不知姓名的司机、商贩、路人等。与人交往或者说与人保持一种宽松、友好的伙伴关系是人类的基本情感需求。

每到一个新的环境，我们都会遇到新的伙伴、结识新的朋友、发展新的友谊。我们与伙伴一起观影、聊天、运动，一起乘车、购物、嬉戏，一起分摊责任、分担压力、分享喜悦……。这种同伴交往，促进我们健康成长，丰富我们的日常生活，也为我们最终能获得良好的终身发展奠定基础。

一、什么是同伴交往

在发展心理学中，同伴交往专指儿童或青少年与同一年龄阶段的伙伴之间的交往。回想一下儿时的自己，我们出生后生长到儿童阶段的最初几年内，主要是在父母的呵护和教育下，模仿和学习各种社会规则。随着年龄的增长，我们开始走出家庭，与同龄孩子一起玩耍，与同学、老师交往。渐渐地，我们认识了社会，提高了对社会的认知能力和水平，更懂得了与同伴交往的意义。最终，我们独立走向社会，开始自己的社会生活和人生发展。

同伴的情感是我们儿时社会行为的强化物。同伴对我们某种行为的反应如果是积极的，就会强化我们的这种行为；反之就会弱化我们的这种行为。同时，同伴的行为是我们评定自己行为的一个参照物。社会心理学研究发现，当我们到了青少年时期，这种同伴交往尤为重要。因为这时候我们与同龄伙伴们面临着同样的问题，有着更多的共同语言。我们都想从同伴、集体对自己的反应中发现自己、认识自己，进而完善自己。因此，这一时期的同伴交往往往影响我们一生的发展。而且这个时期，同伴交往与家庭关系的性质还有着密切的联系，对缺少家庭温暖的一些同学来说，更倾向于在同龄伙伴中寻求安全感——这有时可能会对我们未来的发展带来不利的影响。但总的来说，促进自己与同伴的交往，形成良好的同伴关系，确实是我们健全心理素质、保证健康发展的重要课题。

二、第一印象的建立

1. 形成第一印象

对于一个陌生人的印象，比如他的外貌、穿着打扮、行为举止这些有限的信息会让我们对这个人形成一个最初的印象，即第一印象。第一印象形成的速度很快，但也会在我们的脑海里形成一个固定的、相对长时间的甚至是不可磨灭的印象。这种印象的好坏优劣会影响之后我们与他是否进行交往、如何交往等行为选择。而要改变这个印象，则需要一个较长的深入交往的过程。这就是社会心理学中的第一印象效应或首因效应。

我们为什么会对他人形成深刻的第一印象呢？概括起来有两个原因：一是我们需要并且关注周围的那些可能会与我们打交道的人，他（她）看上去是有礼的还是粗鲁的，是大度的还是自私的，是贫穷的还是富裕的……。有意识地对他人形成一个印象的判断可以帮助我们更好地预测他人的行为，决定自己的行为。二是形成对他人的印象可以帮助我们进行社会比较，将自身的某些方面与他人进行对照，对照的结果可以让我们更加了解自己，适度地改变自己的行为。

2. 影响第一印象的因素

哪些因素会影响我们对别人的第一印象呢？

（1）外表吸引力。心理学研究表明，外表的吸引力越高，我们对他的评价也就越积极。一个人的相貌、身材、穿着、性别、年龄都会影响我们对他的第一印象。幼儿园的孩子喜欢漂亮的年轻女老师，病人倾向于找年纪大一些的看上去更有经验的医生，这就是外表吸引力的影响。单从外表而对他人形成的印象，由于主观性、片面性较强，容易使我们戴着有色眼镜看对方。因此，我们既要防止被看上去还不错的表面现象所迷惑，也不能因为由外表带来的第一印象不好而对一个人全盘否定，而应当全面、正确认识和了解他人。

（2）邻近性与相似点。“我对你越熟悉，我就对你越了解”说的是我们与他人在物理空间上的接近带来的影响。比如同住一个小区，同在一个社团，同在一个学校或班级，又或者仅仅是座位在一起，让我们有机会与他（她）接触得更多，也就让我们对他（她）的情况越熟悉，了解的机会也就越多。通常，坐得或住得离一个人越远，与他（她）成为朋友的机会也越少。这个因素被称为接近性或邻近性。

我们注意到或喜欢他人的另一个原因是他们看上去与我们相似。“物以类聚，人以群分”说的就是那些具有相似的态度、爱好、兴趣、品味的人通常会相互吸引。我们喜欢那些与我们相似的人，反过来也正说明，我们喜欢我们自己。当然，在交往时的相似性涉及不健康的态度和行为时，这种吸引同样会发生，比如一起抽烟、酗酒、打架或旷课、厌学。

物理空间上的相邻或兴趣爱好方面的相似，让我们在与对方初次接触时产生一种自然的亲近感、熟悉感。一般来说，邻近或相似性程度越高，吸引力也就越强，这个因素对第一印象的形成起着积极的作用。

（3）语言与非语言信息。一个人的语言交流模式会影响我们对对方的知觉，比如他在说话时的语速、停顿或者音高等方面的特征。语言表达的流畅度、音量的高低、意思的明确性、习惯用语的表达等都会影响我们对于他人印象的形成。

非语言信息也会影响我们对他人的印象，比如面部表情和手势、姿态等身体语言。那些面带微笑并注视我们双眼的人，让我们觉得他是友善的、值得信赖的；那些姿态挺拔的人要比精神颓废的人给人留下更好的印象。同样，在交谈时对人指指点点、不停打断别人的人则没有那些善于倾听的人留下的印象好。

课堂活动

对以下非语言信号，即不同的身体语言，谈谈你所获得的信息或感受是什么？

(1) 倾斜并远离你。

(2) 斜视或用手捂住眼睛。

(3) 两肘外展、手臂弯曲、双手叉腰。

(4) 手臂背在后面。

(5) 谈话时双脚分开。

(6) 倚靠。

(7) 头部倾斜。

(8) 挑眉或睁大双眼。

(9) 脚或腿开始摆动。

(10) 站立时交叉双腿。

(4) 社会规范与声誉。我们总是倾向于与那些乐于助人的、亲切的、认真负责的、能干的、具有正能量的人交往，而不大可能或主动与那些讨厌的、可恶的、具有负能量的人互动。因为积极的行为是人们所期待的社会规范，那些遵守社会规范的、表现出积极行为的人给人更好的印象。

声誉会影响我们对他人的第一印象，特别是口碑好或口碑差的人。假如朋友跟我们说："那是一个非常不错的人。"在没有见到他之前，一个积极的印象就已经在我们脑海里形成了。"那人太糟糕了，我都后悔认识他。"这句话会让我们对未曾见面的"那人"产生一个负面的印象。无论我们听到的这些评价是对还是错，都会对我们与之交往造成一定的影响，这就是声誉的力量。

(5) 人格特质。第一印象的形成不仅包括外貌，也包括我们的状态，比如我们的言行举止以及所包含的个性特征。如果一个人在初次见面时让对方感受到自己的好性格，比如温暖的微笑，耐心地倾听，体贴与关怀，给人产生一种“很舒适”的感觉，那么，人们就愿意和他（她）接近，彼此能较快地深入了解。一个人的才干、能力、知识素养、性格修养等这些让人欣赏的特质所形成的好印象会在对方的脑海中停留很久，甚至影响对其整个人的其他判断。

三、交往中的错误印象

错误印象通常是由于人际交往中信息交流不充足或主观感受不稳定而产生的对他人错误的印象，比如第一印象就可能是一种错误或者有偏差的印象。错误印象或印象偏差会带给我们交往中的障碍，有时会影响我们的决策，是我们需要避免的。

1. 刻板印象

刻板印象通常是对某一群体的人所持有的普遍看法，而这种看法一般是没有什么事实根据的。生活中有许多这类印象，比如“东北人都会喝酒”“蒙古人骑马上学”等。当我们在思想上认为“所有人都是这样”的时候，脑海里就形成了刻板印象。如果刻板印象是负面的，那么，持有这种偏见的人就不太会与那个偏见目标再有什么深入的交往了。

2. 积极偏差和消极偏差

积极偏差就是我们通常所理解的晕轮效应，指的是从一小部分积极的特质表现就一致性地推断其所有的特质都是积极的。比如一个学生的成绩很好，进而推断他在品德、交往、能力、个性等各方面都很优秀。相反，消极偏差是一种“恶魔效应”，指从一小部分消极的特质表现而一致性地推断出其所有的特质都是消极的。比如看到一个同学穿着另类，进而觉得他的成绩一定很差，甚至判断此人一无是处。

这些以偏概全、以点带面的偏差认识，会影响我们的人际交往。事实上，几乎没有人是完全好的或完全坏的，每个人都是由各种特质组成的复杂混合体，需要全面客观地看待和评价。

3. 归因偏差

错误印象的另一个来源是我们经常根据很少的信息对他人形成印象，比如他的穿着、他的文章、他的工作表现，就让我们在这些方面得出对这个人积极或消极的评价。再比如他工作积极或学习上进，即认为他是一个勤奋、好学、刻苦的人，但实际上在另一方面，他也许是强势、不太好相处的。所以，当我们在对自己或他人的行为探寻原因时，为避免做出错误的判断，最好的做法是一段时间内在各种不同的情况下去观察，以便获得尽可能多的信息，获得更多的了解。

四、同伴交往中常见心理问题

我们学习知识和技能、参加工作、获得友谊和爱情，都是在人际交往中发生的。在这个过程中，有人却无法与同伴进行满意的交往，除了上述普遍存在的社会心理因素外，我们自身也存在着各种心理问题。

1. 自恋与自卑

自恋是个体对于自身过分自信、过分自满的一种自我陶醉的心理状态。

自恋的人在与同伴交往的过程中，往往对他人表现冷漠或者不闻不问，与他人缺乏情感交流，处处为自己着想，强调自己的需要与感受，漠视他人的利益和处境，以自我为中心，处事容易极端化。在面对批评或挫折时，自恋的人要么表现得不屑一顾，要么表现出剧烈的愤怒、羞辱或空虚。

自卑的人往往由于自我评价过低，在与同伴交往的过程中大都处于被动状态，在心理上自觉或不自觉地感到低人一等，这同样阻碍与同伴的情感沟通和信息交流。

自恋或自卑的人在交往中，因为缺乏对自己的正确评价，将自己估计得过高或过低，容易产生妄自尊大或妄自菲薄的心理状态。这样的人，无论有多么聪明，掌握多少所谓人际交往的技巧，也很难与人建立牢固、持久的良好关系。

2. 小群体意识

青少年在心理与生理快速发展的过程中，渴望与同龄人交往，渴望友谊，渴望知心朋友，这个时候，因为兴趣、性格、行为习惯、生活背景、态度等方面相似性的吸引而形成少数几个人组成的同伴关系，“小圈子”由此产生。

在这个圈子里，同伴之间可以互相诉说苦闷，分享心情，提供被人接纳和接纳别人的机会，满足个体归属感的需要，增强同伴之间的情感支持。但是，过度的“小圈子”交往会带来一些不良影响。一方面，“小圈子”的成员会将自己局限在小群体中，缺乏与其他成员的沟通交流，容易造成排他现象，形成自私自利的小群体意识；另一方面，“小圈子”交往会给“圈内人”带来封闭心理，通常他们只与固定的几个人交往，接触面狭窄，造成与更多其他人之间的关系趋于冷淡或紧张，这对良好个性的培养或更为广泛的人际交往是极其不利的。

3. 社交焦虑

社交焦虑是个体由于害怕外界的消极评价而对社交产生不舒服的、恐惧的情绪，以及在社交情境中表现出退缩、回避的行为。这种社交中的不安和不参与会严重影响个体的适应性行为，进而妨碍个体的人际交往与环境适应。

社交焦虑者的行为表现可能是退缩或压抑，比如拒绝与他人交流，在团体活动中孤僻、离群；但也有少数人会走向另一个极端，他们滔滔不绝、非常活跃，以此来掩饰内心的焦虑，而更多的是放弃自己的观点和信念、采取他人喜欢的方式来投其所好。

社交焦虑与内向不同。内向的人是安静、保守的，不会过度放大外界的批评，也不会过度受到外界评价的影响。而社交焦虑的人则会感受到趋避冲突（即同时具有趋近和逃避的心态）的困扰，他们既想和别人接触和交流，又担心别人会对自己做出负面评价。

社交焦虑是个体心理和情绪的一种亚健康状态。为了从亚健康到健康，我们需要建立起积极的、具有自我支持性的思维方式，坚持社会适应性训练，以提高人际交往能力和社会适应能力。

五、提升同伴交往能力的原则

1. 平等原则

同伴交往首先要坚持平等的原则，这一原则要求心理人格上的平等，以及方式方法上的平等。相貌、成绩、贫富等一切外在的差异都被忽略，大家以朋友的身份进行交往才能深交。

2. 相容原则

主要是心理相容，即人与人之间的融洽关系，与人相处时的接纳、包容以及宽容、忍让。主动与人交往，广交朋友，交好朋友，不但交与自己相似的人，还要交与自己性格不同的人，求同存异、互学互补、处理好竞争与相容的关系，更好地完善自己。

3. 互利原则

人际交往是一种双向行为，我国自古就有“来而不往非礼也”之说，指只有单方获得好处的人际交往是不能长久的。所以，要使双方都受益，不仅是物质的，更重要的是必须有精神的，交往双方都要讲付出和奉献。

4. 信用原则

信用是指一个人诚实不欺、信守诺言。古人有“一言既出、驷马难追”的格言，现在有“诚信为立身之本”的原则。同伴在交往的过程中，不要轻易许诺，一旦许诺，就要设法实现，以免失信于人。

5. 宽容原则

人际交往中的宽容表现在对非原则性问题不斤斤计较，能够以德报怨，包容大度。青年学生的个性一般较强，接触密切，不可避免地会在交往中意见不一甚至产生矛盾。这就要求我们求同存异、谦让大度、克制忍让，不计较对方态度、不计较对方言辞，并勇于承担自己的行为责任。宽容克制并不是软弱、怯懦的表现；相反，它是有度量、有人格的表现。宽容是建立良好同伴关系的润滑剂，没有宽容，非但不能赢得更多的朋友，反而可能会化友为敌。

六、增进同伴交往的人格魅力

我们的外貌、个性、价值观和行为习惯等方面的情况都会影响我们的人际吸引力。培养良好的心理品质，发展社交智力，提高个人修养和亲和力，独立自信，行为得体，可以提升我们在同伴交往过程中的人际吸引力。

1. 培养良好的心理品质

每个人都拥有自身独特的心理品质，比如诚信、热情、真诚、坚强、自信、谦虚等，这些优秀的心理品质吸引着他人与我们交往。拥有良好心理品质的人能够更多地得到他人的理解、欣赏和尊重，他的人际吸引力更强。

2. 发展社交智力

社交智力指善于了解自己和他人的情绪和动机，与人相处恰当得体。我们在与人交往的过程中，总是在学习或理解事物之间的相似或相异性，选择的交往对象更符合我们的感觉、动机，这样的交往过程让大家更愉快。

社交智力在我们与他人的关系中表现出来。我们不仅了解自己的情绪和感受，还能够理解和管理自己的情绪。我们也在交往中察觉他人的情绪，对他人的情感关系以及这种情感的意义有深刻的理解。就好比在日常交往中，要好的伙伴之间互相关心，感受对方的理解和付出；出色的领导关心同事和下属，促进团队合作；慈爱的家长关心孩子，形成亲密的亲子关系。个人的成长和社会的交往，都需要发展社交智力。

资料卡片

一位16岁的少年去拜访年长的智者。

少年问："我怎样才能变成一个令自己愉快，也能带给别人快乐的人呢？"

智者笑着说："我送给你四句话。第一句是，把自己当成别人。你能说说这句话的含义吗？"

少年回答说："是不是说，在我感到痛苦忧伤的时候，就把自己当成是别人，这样痛苦自然就减轻了；当我欣喜若狂之时，把自己当成别人，那些狂喜也会变得平和一些。"

智者微微点头，接着说："第二句话是，把别人当成自己。"

少年沉思一会儿，说："这样就可以真正同情别人的不幸，理解别人的需要，而且在别人需要帮助的时候给予恰当的帮助？"

智者两眼发光，继续说道："第三句话，把别人当成别人。"

少年默默思索着，回答道："这句话的意思是不是说，要充分尊重每个人的独立性，在任何情形下都不能侵犯他人的核心领地？"

智者哈哈大笑："很好，很好，孺子可教！第四句话是，把自己当成自己。这句话理解起来太难了，你留着以后慢慢品味吧！"

少年说："这句话的含义，我一时体会不出。但这四句话之间有许多自相矛盾之处，我怎样才能把它们统一起来呢？"

智者说："很简单，用一生的时间和经历。"

后来，这个少年变成了中年人，又变成了老年人。在他离开这个世界很久以后，人们还时时提到他的名字。人们都说他是一位智者，因为他是一个快乐的人，而且也给每一个见过他的人带来了快乐。

3. 提高品行修养

日常交往中那些有知识、有修养、有魅力的人更具有人际吸引力，自身的修养是提升人际吸引力的主要因素。修养通常来自生活细节，行为养成习惯，习惯形成品质，品质决定修养，修养决定魅力。

修养包含我们的衣着、言谈举止、气质、文化、智慧、善良等很多方面的内容。我们在外在方面穿着整洁大方、言谈举止礼貌得体，可以给人留下良好的第一印象；我们在内在方面学习科学文化，丰富知识，开阔眼界，可以提升我们的内涵修养，产生持久的学识魅力。更重要的是，在丰富学识与正确的人生观、价值观引导下，我们能够分清善恶，懂得美丑，明辨是非，在为人和处世方面形成积极的态度和行为，可以大大提升我们的人际吸引力。

当代学者周国平说："高质量的友谊总是发生在两个优秀的独立人格之间。"人和人的吸引和交往也更容易发生在两个优秀的具有独立人格的人之间，他们之间因为由衷的欣赏和尊敬而相互吸引。因此，个体的进步和优秀，会让他成为那个值得交往、欣赏和尊重的个体。正如这句话所说："你若盛开，清风自来。"

第二节　善待友谊与爱

俄国诗人普希金说："不论多情的诗句，漂亮的文章，还是闲暇的欢乐，什么都不能代替无比亲密的友情。"的确，友谊和爱情不但是人们笔下不尽的情怀，更是人人向往、孜孜以求的人世间最美好、最重要的情感。

一、友谊

1. 什么是友谊

随着与同伴交往时间的拉长，接触得越多，了解得越多，我们与同伴间的关系日益密切，友谊就越容易产生。青少年时期，我们对亲密朋友的需要变得越来越重要，我们需要有同伴以一种理解的、关心的方式陪伴和支持自己，而这种支持之前主要由家庭中的父母、兄弟、姐妹等亲人提供。

友谊可以被定义为从相互关联和陪伴的基本需求出发，两人或多人之间因相互吸引而形成的情感依恋。

友谊以亲密为核心成分，亲密性也就成为衡量友谊程度的一个重要指标。心理学家罗杰斯对这种亲密性做了三点概括：

（1）能够向朋友表露自己的思想感情和内心秘密。

（2）对朋友充分信任，确信其"自我表白"将被朋友所尊重，不会被轻易外泄或用以反对自己。

（3）限于被特殊评价的友谊关系中，即限于少数的密友或知己之间。

2. 友谊的发生

心理学家塞尔曼认为，儿童和青少年的友谊按以下五个阶段发展：

第一阶段（3～7 岁）：没有形成友谊概念，儿童之间因为共同的活动或玩具而在一起，只是短暂的游戏同伴关系。

第二阶段（4～9 岁）：单向帮助阶段，这个时期的儿童要求朋友能够服从自己的愿望和要求，如果顺从自己的就是朋友，否则就不是朋友。

第三阶段（6～12 岁）：双向帮助阶段，但属于不能共患难的阶段。儿童对友谊的交互性有了一定的了解，但仍然具有明显的功利性特点。

第四阶段（9～15 岁）：亲密的共享阶段，认为朋友之间可以互相分享，朋友之间能保持信任和忠诚，甘苦与共。

第五阶段（12 岁以后）：友谊发展的最高阶段，是自主相互依赖的友谊阶段。本阶段以双方互相提供心理支持和精神力量、互相获得自我的身份为特征。

友谊的发生不仅仅在于接触的频率，更在于交往的质量。亲密交谈、积极倾听和自我暴露，对于友谊的发生有积极的作用。

（1）亲密交谈。很多时候，我们与大多数人保持友好关系，但只与信任的几个好友分享内心的深刻感受和情绪。我们愿意向朋友倾诉近阶段的人际矛盾，告诉他最近发生的一件窝火的或让人感到难受的事，对方都能理解和接受我们的情绪和感受，并能照顾我们以及回应我们的需求。

（2）积极倾听。朋友之间能够互相帮助、关心、支持和理解，那些给予我们安慰和建议的人们被称为我们的社会支持，他们包括家人、老师、同学和其他一些人。在遇到困惑或困难的时候，我们大都会求助于朋友。有时候，一个普通朋友变为亲密朋友仅仅是因为这个人充满同情地倾听了我们的一些个人问题。作为一个忠实的倾听者，他不会像父母那样批评我们，而是给予支持、理解和认可，这是发展成为亲密朋友的情感基础。

（3）自我暴露。随着交往的深入，对朋友的私密信息了解得越来越多，这种与他人分享私人信息和内心感受的过程就是一种心理学上所谓的自我暴露。自我暴露可以是一种使我们与特定他人接近的方法，因为更广泛、更深入的暴露和交流可以加深彼此的了解，同时预示着我们对朋友的承诺和信任。

资料卡片

心理学家阿伦夫妇与同事们进行了自我暴露方面的研究。他们把互不相识的人分为两人一组，共两组，分别让每组成员相处45分钟。

第一组，在最初的15分钟里，让他们交流一些低亲密性的话题和想法，如“你这个周末准备去哪儿放松下啊?”接下来的15分钟，讨论比较亲密的话题，如“你最宝贵的记忆是什么?”最后的15分钟，要引发更多的自我表露，如完成句子：“我期望有一个人能和我一起分享……”以及“你最后一次在别人面前哭泣是什么时候？为什么哭泣呢?”

第二组则始终讨论一般性问题。

实验结果，相比花45分钟仅讨论一般问题的人，那些在这段时间里经历了自我暴露逐渐升级的人，明显感觉自己与交流对象更亲密。

这项实验表明，自我暴露可以帮助个体建立对他人的亲密感。

3. 青春期友谊的特点

（1）心理发展的需要。对于亲密朋友的需要在青春期显得尤为重要，我们情感的独立、满足和支持更多从亲密朋友处获得。这个时期的我们在生理和心理方面发展迅速，外貌、身材等方面的变化影响我们对自己的看法和价值判断，也影响同性或异性对我们的看法，自我的认同与他人的肯定促进我们的自尊及自我概念的形成。而自尊促进友好同伴关系及友谊的质量和稳定性。

（2）朋友的选择性。青春期的友谊有两个最明显的特点：一是朋友的相似性，我们选择与背景、爱好、价值观等相似的人成为朋友，我们在穿着和行为方面和朋友保持一致，我们喜欢互相参与双方的活动；二是青春期会对异性表现出懵懂的好感。

（3）对友谊的高期待。青少年早期阶段的友谊带有较强的情绪化和不稳定性特征。因为这个阶段的我们多少有点以自我为中心，有时会对朋友给予我们的支持水平有着不切实际的期望。但随着我们的社会认知能力的发展、自我中心阈值的下降，友谊会变得日益稳定。

（4）异性交往。与异性的交往和友谊，是对我们未达爱情心理的这段“延迟满足”期内的重要补偿。异性交往与一般的同伴交往有所不同，特别需要注意的是，友好的异性交往不等同于爱情，友情不等于恋情。友情可以发生在同性和异性之间，它是多向的、公开的，没有排他性；而恋情是单一的、排他的，隐秘而自私。正确的异性交往可以促进我们在青春期形成正确的性别角色，扩大社会交往的范围，促进心理的健康发展。

4. 真正的友谊

我们对真正友谊的认识，正如明代文学家冯梦龙所言："恩德相结者，谓之知己；腹心相照者，谓之知心；声气相求者，谓之知音。"历史上的伯牙和钟子期之间发生的"高山流水"的故事为我们树立了一个关于友谊的典范。

资料卡片

春秋时期的伯牙与钟子期是一对千古传颂的至交典范。

伯牙善于弹琴，钟子期善于倾听，这就是"知音"一词的由来。伯牙弹琴的时候，心里想到高山，钟子期说："好啊！简直就像巍峨的泰山屹立在我的面前！"心里想到流水，钟子期又说："好啊，这琴声宛如奔腾不息的江河从我心中流过！"不管伯牙弹起什么，钟子期都能从琴声中准确地悟出他的心境。钟子期去世后，伯牙认为世界上再也找不到知音了，于是他"破琴绝弦"，终身不再弹琴。

此后，人们把"高山流水"比喻知音难觅或乐曲高妙，把"知音"比作理解自己的知心朋友，同自己有共同语言的人。

唐代诗人薛涛曾对难得真正的友谊感叹道："借问人间愁寂意，伯牙弦绝已无声。"互相欣赏、真诚相待、心意相通、彼此扶助等是真正友谊的最高标准。

真正的友谊，不是花言巧语，而是在关键时候拉我们的那只手。在我们需要的时候，默默为我们付出、关心我们的人，才是真正的朋友！

5. 友谊的作用

梁实秋说："假如一个人独自升天，看见宇宙的大观，群星的美丽，他并不能感到快乐，他必要找到一个人向他述说他所见的奇景，他才能快乐。"

课堂活动

英国《泰晤士报》曾出了一个题目，公开征求答案："从伦敦到罗马，最短的道路是什么？"很多人从地理位置上找答案，结果都落选了。只有一个答案获奖，那就是："一个好朋友。"有一个好友相伴，沿途说说笑笑，不仅不会嫌路长，甚至还会说此路太短。

这个故事给你的启发是什么？对于朋友的理解，你有自己的认识和体会吗？分享你和朋友的故事。

友谊可以带给我们什么呢？我们和朋友分享快乐和秘密，我们理解对方的感受，我们在对方需要的时候伸出援助之手……。友谊的作用可以概括为以下几个方面：

（1）友谊带给我们温暖和亲密感。小时候的我们，在情感上主要依赖父母，我们寻求父母的赞扬、爱和温情。进入青少年期后，这个趋向会发生转变，我们更多地会转向我们的朋友来寻求情感满足，从朋友那里得到肯定、理解和接纳；相反地，那些缺少亲密关系的人经常会体验到情绪上的孤独。

（2）友谊把我们从压力、焦虑、不安全感等消极状态中解救出来，让我们从朋友那儿获得支持和力量。我们与朋友自然相处，心灵相通，产生情感上的联结。友谊是彼此的默契、真诚与友爱。

（3）友谊让我们一起分享情感、探讨问题和交流思想。朋友，在低谷时给予帮助，在迷茫时指点迷津，在郁闷时给予鼓励……。诚实、慷慨、谦逊等优秀的品质让友谊双方紧密合作、共同进步。有关研究发现，有亲密朋友的学生在校表现更好，更少出现行为问题，更愿意合作和助人，他们的心理和社会适应性更好。

资料卡片

关于友谊，无产阶级的导师马克思、恩格斯堪称典范。

马克思的家庭是很穷困的，为了不让马克思中断科学巨著《资本论》的写作，恩格斯进入了他父亲的商店，从事他最为痛恨的资本家的“该死的商业”，为了什么呢？就是为了资助马克思完成《资本论》的写作。所以，从某种意义上说，马克思之所以能在无产阶级事业上有如此大的发展，与恩格斯的无私帮助是密不可分的。

当《资本论》第一卷问世之后，马克思在给恩格斯的信中这样说：“这件事之所以成为可能，我只能归功于你，没有你对我的牺牲精神，我绝不可能完成我的巨作。”为此，革命导师列宁做了如下的评价：“古老的传说中有各种非常动人的友谊的故事。欧洲无产阶级可以说，它的科学是由两位学者和战士创造的，他们的关系超过了古人关于人类友谊的一切最动人的传说。”

二、性意识

因为有性别的区分，人就会产生性的意识，尤其到了青春期。人类的性具有隐秘、不公开的特点；人类性的结合不仅仅是肉体上的结合，更是以爱为基础的精神上的满足，而爱又有着极为深刻的社会内涵。所以，人类的性是生理、心理和社会三个密不可分层面的复合体，绝不是单单为了延续后代。如果我们不了解这些，就有可能不知不觉走上性的歧途，甚至会发生性犯罪。

1. 性意识的发展

青春期是一个人从童年走向成年的过渡，主要标志是性发育和性成熟，要经历身体和心理上的急剧变化，是人一生中最重要的时期之一。

（1）青春期。青春期起始于 10～12 岁，也可延迟到 15～16 岁。青春期性生理发育成熟的速度因人而异，一些女孩只需 1 年左右，另一些长达 5～6 年或更久。青春期延展于 10～20 岁，通常分为三个阶段：

1）第一阶段：青春前期，10～13 岁，是人生长发育最快的阶段。

2）第二阶段：性征发育期，13～17 岁，以生殖器官和第二性征明显发育为特征，少女出现月经，男孩则发生遗精。

3）第三阶段：青春后期，17～20 岁，生理变化逐渐缓慢下来，性器官和第二性征已发育成熟，体格变化已不明显。

（2）性意识。青春期性意识发展大概可以分为以下四个阶段：

1）第一阶段：异性疏远期。在青春发育初期，由于性生理发育和第二性征出现了明显的变化，青少年不同程度地意识到两性的差别，并对自身所发生的变化感到迷惑不解、羞涩不安。在一个较短的时期内，青少年总想远离异性，比如课桌上所谓的“三八线”；在学习和游戏中，男女截然分群，即使需要互相接近和交谈，双方也都保持着一定的距离，甚至在家里也表现出少男与父亲接近、少女更愿意跟母亲说悄悄话的现象。

2）第二阶段：崇拜长者期。在青春发育中期，青少年对自己周围一些异性或同性成年长者，如老师、熟人、体育和影视明星，以及学识、外貌出众的人，会表现出仰慕和崇拜，有意识地模仿其言行举止，收藏和张贴相片，甚至到了偶像崇拜以致入迷的程度。

3）第三阶段：异性接近期。在青春发育后期，随着性发育的逐渐成熟，男女青年开始对与自己年龄相近的异性产生越来越浓厚的兴趣，表现出喜欢、羡慕异性和彼此吸引的心理，感觉到时时处处都有异性吸引的存在，开始友好地对待和欣赏异性，总想以各种方式接近异性，引起异性注意，并试图给异性吸引力。

4）第四阶段：浪漫恋爱期。在青春发育期之后，青年的性生理和性心理已发育成熟，开始步入成年。随着各种社会交往活动的广泛开展，青年对异性的爱慕更加热情主动，并开始把自己的爱慕集中在某一个具体异性身上，这就进入了恋爱期。

上述性意识发展的四个阶段，是每个青少年自觉不自觉都要经历的，只是表现的侧重有所不同而已。因此，青少年在青春发育期要正确认识和对待异性交往过程中所发生的各种问题，培养自己健康的性意识。要努力培养自己高尚的性道德情感，把充沛的精力、美好的时光用于学习文化科学知识，为自己灿烂的前程打下坚实的基础。

2. 早恋

早恋是指未成年男女过早建立恋爱关系的行为。

(1) 早恋的特点。早恋行为有以下几个特点：

1) 朦胧性。早恋者对早恋关系的发展结局并不明确。他们主要渴望与异性单独接触，但是对未来组建家庭、如何处理恋爱关系和学业关系、如何区别友谊和爱情都缺乏明确的认识。

2) 矛盾性。有早恋关系的青少年内心充满了矛盾，既想接触又怕被人发现，早恋的过程中愉快和焦虑并存。

3) 变异性。早恋关系是一种充满变化、极不稳定的感情关系。早恋关系缺乏持久性，一般不会持续很长时间。

4) 差异性。早恋行为具有明显的差异性。在行为方式上，有的早恋行为十分隐蔽，通过书信、电话等方式来传递感情；也有的很公开，在许多场合出双入对，俨然一对情侣。在关系程度上，大多数早恋者的主要活动是在一起聊天，交流隐秘的感情，从人际关系来看，还没有超出正常的关系；有的则除了谈论感情以外，甚至发生性关系。

(2) 早恋的类型。可以归纳为 8 种：

1) 爱慕型。即青少年之间由于爱慕对方而产生的早恋。根据爱慕对象的不同，又可分为：仪表型，即由于爱慕对方外在的仪表而产生的早恋；专长型，即因为爱慕对方的能力专长而产生的早恋；品性型，即由于爱慕对方的优秀品性而产生的早恋。

2) 好奇型。即由对异性的好奇而产生的早恋。对异性产生强烈的好奇心，是青春期青少年随着性意识的发展而自然产生的一种心理现象。这个时期的青少年对异性变得很敏感，渴望了解异性的心理和生理，了解异性对自己的态度。为了满足这种好奇心，就想结交异性朋友，建立恋爱关系。

3) 模仿型。即因为模仿别人的行为而产生早恋。模仿的对象主要来自社会生活、影视作品和报刊书籍。

4) 从众型。即迫于周围人的压力产生的早恋。周围人是指生活环境中的同年龄群体。

5) 愉悦型。即为了获得愉悦的情感体验而产生早恋。青春期男女之间的密切交往，往往会给双方带来愉悦的体验。这种愉悦的体验会进一步促进青少年之间的密切交往，并逐渐产生早恋。

6) 补偿性。即为了获得感情补偿和排解受挫的情绪而产生早恋。感情补偿是指一些青少年在学业上或感情方面受到挫折时，出于争强好胜的心理，或者为了摆脱感情创伤，就想用早恋的方式排遣受挫的情绪，从异性那里获得感情补偿。

7) 逆反型。即由于在两性交往中受到别人不恰当的干预而产生早恋。最典型的就是别人不许我这样做，我偏要这样做。在逆反心理的作用下，正常的异性交往会转向早恋关系。

8）病理型。即由于病理原因而产生早恋。由于营养过剩、一些食品中含有性激素的作用，或者生理上的疾病、家庭遗传等原因，造成一些青少年身体早熟，身体外观像成年人，或者性心理早熟，或者性心理变态，从而诱发早恋。

不管是哪种类型，早恋对青少年的心理、学习和生活都会带来巨大的影响。通常情况下，这种影响大都是消极的，不利于青少年的求知发展和身心成长，所以我们应该学习和掌握正确、健康的异性交往方式，避免早恋行为的发生。

3. 性道德与性行为

我们在全面认识性意识的基础上，再次强调性的社会属性，人类性行为社会属性的表现通过道德规范、情感升华和行为自制等方面来体现。

（1）道德规范。社会规范规定着我们与人交往的准则与尺度，维护了绝大多数人的自由和需求。对于两性关系的认识，现代性伦理观认为，两性关系相互平等、尊重和独立。性伦理对于两性关系的行为规范与准则，对人类的性行为是一种无形的控制力量，帮助我们正确判断和选择。

（2）情感升华。性、爱情、婚姻和价值观是整体联系的。青少年的相互钟情，不单单是对于性的吸引和冲动，情感升华就是要把两性的感情引向纯洁的友谊和崇高的爱情。作家廖一梅有句话或许可以打动我们："在我们的一生中，遇到爱、遇到性都不稀罕，稀罕是遇到了解。"梁思成遇到林徽因，钱钟书遇到杨绛……大抵都是如此。

（3）行为自制。自制力在感情与欲望的选择中发挥着重要的作用。理智地调节个人的需要与社会的规范要求，提高自身的审美情趣和文化修养，无论环境向我们呈现什么样的信息或条件，对于性的态度和行为，都应该是态度上更理性、行为上更负责。

心理学家罗洛·梅在《爱与意志》中提出："对今天的大多数人而言，性关系越开放，则意味着性行为的无意义。有些人打着爱情的幌子，实为宣泄无处安放的欲望，没有承担责任的想法。当然，更多的情况是，很多人缺少必要的性安全知识，缺乏自我保护意识，严重的甚至酿成一些悲剧。"

三、爱情

民间故事里，各种动人的爱情故事不胜枚举，比如梁山伯与祝英台，罗密欧与朱丽叶，美人鱼与小王子……。无论季节如何变换，时代如何进步，我们对于爱情的渴望来自生活的需要，也是精神的需要。爱情始终是美好的，它让每一天的日子新鲜而甜美。

1. 什么是爱情

到底什么是爱情呢？它是感觉？是需要？还是其他什么因素的综合？对于爱情的理解，心理学教授罗伯特·斯滕伯格提出的爱情三元理论指出，爱情有三个维度：亲密、激情和承诺。这为我们提供了一个理解爱情的视角。

（1）亲密。亲密是爱情的情绪方面，包括了亲近、分享、热情和支持等特点。亲密的发展相对缓慢且平稳，可以把它看作爱情中的“友情”维度。但如果长期缺乏亲密或亲密减少，则这段关系将很有可能走向结束。

（2）激情。激情是爱情的情绪和动机方面。激情可被看成是一种“振奋剂”，让人心潮澎湃、迷恋和沉醉其中。与亲密不同，激情不是细水长流的情感依恋，它的情感特征更加猛烈，更多是以生理欲望的激起为特征，伴随着彼此间性的吸引。

（3）承诺。承诺主要体现在认知层面，它始于双方决定成为恋人的时候，是一种内在的责任和约定。随着关系的逐渐深入，承诺慢慢平稳；当关系弱化时，承诺的水平会下降；当双方关系崩溃，那么承诺归零。

2. 爱情与婚姻

爱情是两性之间互相倾慕的一种感情，是在亲密关系中建立起来的深刻而温柔的依恋。爱情的更多成分是浪漫，这种依恋关系对于大多数人而言也是一种生活中的积极需要。如果这种爱是相互的，会让人感到充实和愉快。但是强烈的爱是危险的，单恋总是与空虚和烦恼相联系，失恋对于心智不成熟的我们来说，有时可能会是打击性的经历。

婚姻是在双方感情的基础上，达到了某种默契，是恋爱双方的承诺，并形成的一种法律上的认可。简单地说，是男女双方出于自愿，形成一种互相的权利和义务的关系。相比爱情，婚姻更多的是责任和义务，是理解和包容。在现实中要营造健康的婚姻生活，男女双方需要角色转变，相互理解彼此的感受和需要，包容对方的习惯和缺点，共同承担起相应的家庭责任和社会责任。

当我们慢慢成熟，对爱的感觉和异性的交往会越来越谨慎，我们对于爱情与责任也会有更深刻、更全面的理解。

3. 树立正确的爱情观

每个人都有对于爱情和婚姻的美好愿望，希望把生活中一见钟情、炫如夏花的爱恋延续到举案齐眉、相濡以沫的金婚时期。显然，那些无条件的、尊重的、充满信任的爱，带给我们的惊喜和美好值得珍惜。

（1）注重双方的了解。相处的根本在于了解，了解自己和对方。恋人之间因了解而欣赏，因欣赏而喜欢，因喜欢才去爱。我们必须在认识自己的基础上，客观地认识和了解对方的现实状态而不是主观幻想，真实的情况包括他（她）的思想、情感、生活习惯、家庭背景等方面。接纳对方的真实自我，能为双方带来安全和自由，这是爱情孕育的基础。

（2）让双方都成为自己。初级的爱是满足自我需求的爱，充满激情，但也可能带来独占、嫉妒和伤害；成熟的爱不仅是两情相悦的爱，更是一种自爱的状态，再爱一个人也不要没了自己，再好的关系也要有相对独立的空间。真正爱一个人，不是一味索取，也不是盲目奉献，要尊重对方的喜乐爱好，给予双方空间和自由，因为宽松而舒适，因为自由而独立，让双方都成为各自的自己，这是爱情的源泉和动力。

资料卡片

在某网络平台上，一位年轻女性科研工作者讲述了他们夫妻双方共处的日常，让我们理解了什么叫“让双方都成为自己”。

两人同为科研工作者，他们的工作内容，简单通俗地表述，是要在某一个微小的领域创造新知，拓展人类认知的边界。在外人看来，很多人并不理解他们的工作，从学术认知层面不理解，对女性做科研工作更不理解。但是先生坚定地站在太太的一方，支持与保护她，捍卫她的独立与自由。先生充分认可并理解太太工作的价值，也尊重她自由选择人生节奏的权力。两人的共同期望就是，过好自己选择的人生，自我实现，自我悦纳，轻松幸福一辈子。所以，他们的相处方式舒适而健康，这种关系不是一方强势、另一方妥协的“调教”，而是两个人共同学习的过程——学习尊重理解对方，也学习分析悦纳自己。用这位太太的话说，两个独立的灵魂，相互吸引，相互塑造，相互依靠，又各自自由。这才是至高无上的浪漫。

（3）彼此理解包容，忠诚于对方。爱情除了要求男女双方在相貌、人品、情感、爱好、性格等方面的琴瑟和谐，还要求理解接纳，坦诚相待，这是爱情的责任和义务。相爱的双方有义务忠实于自己的选择和承诺。坚定而执着的承诺，为爱情提供保障和依赖。爱情的美好还在于双方彼此的理解和接纳。生活中的矛盾无法避免，冲突往往源于各自不同的需求和期待。接纳可被看作是合理的妥协，将他人的需求放在自我需求之上，能够包容对方的错误和缺点。

资料卡片

1932年早春，在清华大学古月堂门口，文坛伉俪钱钟书和杨绛初次偶遇，杨绛觉得他眉宇间“蔚然而深秀”，钱钟书被她“颉眼容光忆见初，蔷薇新瓣浸醍醐”的清新脱俗吸引，一段旷世情缘就此萌发……。

一辈子的相知相守，钱钟书评价杨绛是“最贤的妻，最才的女”，这该是最动听的情话。而杨绛这样描述钱钟书：

1935年春，老钱获公费留学资格，考虑到这位大名鼎鼎的清华才子从小生活在优裕的家庭环境中，被娇养惯了，除了读书之外，其他生活琐事一概不关心，尤其是不善于生活自理，处处得有人照顾、侍候他。所以我就下定决心跟他完婚一起去英国。

多年前，读到英国传记作家概括最理想的婚姻：“我见到她之前，从未想到要结婚；我娶了她几十年，从未后悔娶她；也未想过要娶别的女人。”我把它念给钟书听，他当即回说：“我和他一样。”我说：“我也一样。”

丈夫钱钟书常自叹“拙手笨脚”。我只知道他不会打蝴蝶结，分不清左脚右脚，拿筷子只会像小孩儿那样一把抓。我并不知道其他方面他是怎样的笨，怎样的拙。

在我生孩子住院期间，钟书只一个人过日子，每天到产院探望，常苦着脸说“我做坏事了”。他打翻了墨水瓶，把房东家的桌布染了。我说，“不要紧，我会洗。”“墨水呀!”“墨水也能洗。”他就放心回去。然后他又做坏事了，把台灯砸了。我问明是怎样的灯，我说：“不要紧，我会修。”他又放心回去。下一次他又满面愁虑，说是把门轴弄坏了，门轴两头的门球脱落了一个，门不能关了。我说："不要紧，我会修。"他又放心回去。他感激之余，对我说的"不要紧"深信不疑。我住产院时他做的种种"坏事"，我回家后，真的全都修好了。

钟书叫了汽车接妻女出院，回到寓所。他炖了鸡汤，还剥了碧绿的嫩蚕豆瓣，煮在汤里，盛在碗里，端给我吃。钱家的人若知道他们的"大阿哥"能这般伺候产妇，不知该多么惊奇。

（4）正确对待恋爱挫折。单相思、失恋都是生活中常见的恋爱挫折。失恋之所以有痛苦，通常我们会有这样的想法："我被拒绝，一定是因为我不够好、不够可爱、不够优秀。"这种把自我价值感建立在别人反馈之上的人，情绪会很长一段时间处于低谷。实际上，若能想明白"分手并不意味着我不可爱或不值得爱，仅仅是因为彼此不合适而已"，这样不把自己的价值建立在别人的肯定、安慰和褒奖上，具有稳定的自我价值感，就能很快走出失恋的痛苦。

爱情不是生活的全部，就像鲁迅先生说的"不能只为了爱——盲目的爱，而将别的人生的要义全盘疏忽了"。恋爱受挫时，既不能全盘否定自己，也不能失去理智和志向。"失之东隅，收之桑榆"，在爱情中认识自己，成长完善自己，对于重新选择爱或者被爱，都是一件好事。

探究与体验

交友的要诀，就像是友谊花上的10片花瓣，我们拥有的花瓣越多，这朵友谊之花也就越美丽。你有多少片花瓣呢？请根据下面的描述做一个自我评估。

1. 主动开放——伸出你的友谊之手。
2. 有礼貌——良好的礼貌由真诚的微笑开始。
3. 不挖苦别人——多以言语和行动表示对别人的欣赏。
4. 勇于认错——不肯说"对不起"是懦弱的表现。
5. 留意自己的言行举止——粗鲁会伤害别人，也会伤及自己。
6. 严守秘密——对得起别人对你的信任。
7. 尊重别人——一个人如果感到不被尊重，会被深深激怒。

8. 坦诚——没有人愿意和虚伪的人交朋友。

9. 善于合作——为集体利益付出自己的努力与支持。

10. 不要以自我为中心——坚持你的意见，同时接纳他人："也许你是对的。"

讨论分享：

请同学们展示自己的友谊之花，说说自己在哪些方面还做得不够好？我们可以做出哪些努力来修正这些不足？

将自己最想对朋友说的话写在心语卡上，送给你的朋友。请部分同学分享彼此收到的心语卡，并说说读到卡片内容之后的感受。

第八章　聚焦生活心理

陶行知先生说：什么叫生活？一个有生命的东西在一个环境里生生不已地活动就叫生活。

是精彩地生活？还是无趣地生活？这取决于我们对于生活的信仰。

我们要有效地管理自己的生活，以应对生活中的各种事件。

我们要不断地了解自我和周围的世界，以更好地掌控自己的生活。

我们对生活负责，不仅是为了满足个人的需求，也是为了我们对于社会的那份责任。

生活的根本内涵在于生命的成长，生活是生命的成长历程。这个自我管理的过程，可以让我们的生活更加葱翠，让我们的生命体验更多的幸福。

第一节　健康合理消费

生活中，琳琅满目、形形色色的商品在吸引着我们。如何消费？怎样消费？在我们成长的过程中，实现经济的独立与自律，是我们必修的功课。

一、健康的消费心理

消费是人们通过消费品满足自身欲望的一种经济行为。这个行为是由消费者的消费心理驱动的。消费心理是消费者在消费活动时所表现出的心理特征与心理活动的过程，与人们的兴趣、消费习惯、价值观、性格等息息相关。消费心理影响我们做出消费选择。比如一个人是爱运动还是喜欢安静，决定了他会倾向于哪方面的消费；外向的人在交友上的消费一般比内向的人要多一些；一个典型的“吃货”与一个热衷减肥的人在食物的消费上是截然不同的。

健康消费是一个理性的消费过程，这个过程包含了消费者深思熟虑的比较与思考。我们在消费时应清楚自己消费需求产生的原因是什么，明确消费的对象可以满足我们什么需求，进而在综合比较各种因素的基础上做出最佳的选择。比如我们购买文具用品，因为它是我们的学习必需品，可以满足书写的需要，我们会比较它们的价格、外形、功能等，这些因素会最终决定我们买还是不买，或者买哪一种。

二、不良的消费心理

生活中，如果我们的某种消费心理走向一个极端，就可能成为不良的消费心理。常见的不良消费心理概括起来主要有明星效应、攀比心理、求异心理及从众心理。

1. 明星效应

明星效应即为当前很有影响力的影视明星、体育明星或其他明星，在品牌、服装款式、发型、语言等方面，能带动潮流的现象。比如我们喜欢篮球明星罗斯，就会喜欢他所穿的某个品牌的运动鞋，尽管价格昂贵，也不会影响我们购买。女生购买某个品牌的护肤品，选择的原因可能仅仅是因为自己喜欢的某个明星做了它的代言。这类消费行为源自我们内心喜欢或崇拜某人的消费心理，我们希望和他（她）们一样酷或一样美。这种因为“明星效应”而产生的远高于我们自身经济能力的消费，是不明智的。

2. 攀比心理

攀比大都发生在虚荣心理的驱使下，别人有什么，我也要有什么，以此来证明我不比别人差。比如对奢侈品的追逐，让有些同学迷失自我，陷于攀比的怪圈不能自拔，导致债台高筑、痛苦不已。攀比心理本质上就是一种“面子”消费。这种过多地考虑他人如何看自己而不断地进行不切实际的消费行为，会给我们带来沉重的经济负担和心理压力。

3. 求异心理

青春期是我们智力、体力、自我意识和社会角色形成和发展的重要阶段。这个阶段的我们通常表现为思维活跃、感觉敏锐，把握时尚、追赶潮流，以求获得他人的关注和认同。我们对于商品的选择，已不仅仅关注商品的使用价值，更注重其是否符合自身的性格、喜好等特点。这些差异化、个性化的消费，本来无可厚非，但如果仅仅为了与众不同而追新求异，就容易导致消费心理和行为发生偏差。

4. 从众心理

从众心理在消费方面的表现是某一个时期的流行元素可以席卷很大一个消费群体。比如一双球鞋、一支口红的流行，很多同学都忍不住盲目“跟风”。盲目从众消费会导致个体丧失自我，成为群体的附庸者，这也是不可取的。

三、如何合理消费

我们的身边有月初大手大脚、到月末就口袋空空的“月光族”；有花销远远大于手头零花钱的“负债族”；还有宁可饿肚子也要购买高档消费品的“自虐族”……。我们要避免这些负面消费模式，最好的方法是要做好消费预算，追求较高的性价比和倡导绿色消费。

1. 做好消费预算

（1）确定我们一个月的生活费是多少，是 500 元还是 1 000 元，每月有一个固定的数额，将我们的开支安排控制在一个合理范围内。

（2）确定我们的支出。将每月支出进行分类记账，哪些是我们每月必须要支付的账单，哪些是应该支付的账单，哪些是可有可无的账单，哪些是应该取消的账单。这样看起来一目了然，还可以引导我们合理消费，改变和克服不良的消费习惯。

（3）将我们的生活费减去我们的常规花销，如果结果是负值，我们需要改变下消费方式，如果结果是正值，多出来的部分可作为储蓄，增加我们消费的自由性和灵活性，比如取得成绩时奖励一下自己，或者给自己置办一件心仪的物品。

花出去的钱不超出预算，是一个基本准则。通过制订预算计划，可以帮助我们清楚自己目前的消费情况，并逐步养成合理消费的习惯。

2. 追求较高的性价比

在我们购买商品之前，要考虑它们的性价比，追求较高的性价比，即以合适的价格，买到物超所值的商品。如果将要求放低一些，也希望购买的商品是物有所值的。

以下几种情况，可以帮助我们判断商品的价值，评估商品的性价比，做出购买商品的决策。

（1）优先考虑厂商的核心产品。商家的核心产品是其最具有竞争力的产品，它们的性价比被控制在合理的范围内。好比我们要买电脑，就买专业做电脑的；要买手机，就买专业做手机的……。在同类产品中，他们的质量与价值是有保证的。

（2）商品的功能匹配我们的需求。一件商品通常带有许多功能，比如扩音器还带有收音、无线上网等功能。如果我们只需要它的扩音功能，那么，就买只有扩音功能的产品。这种没有其他附加功能的产品通常价格更低、性能更好。

（3）根据实际需要购买。我们每天接收来自四面八方的商品信息，但一定要根据实际需要购买。下雨了，就买把伞；口渴了，就买瓶水。这些商品现在就能用，或马上就要用，它的价值立刻体现。

（4）根据使用频率购买。这个商品是一年用一次，还是每月、每周、每天都会使用，对于使用频率特别高的，要买质量好一点的。

资料卡片

消费注意事项：

（1）如果你不需要一个东西，只是看到便宜才买，你买得越多，亏损得越多。

（2）想买的东西在一个星期以后再买，到时候就知道是不是真的想要。

（3）消费一件物品，如果是出于长期获益的目的，那就看自己的钱是否能长期支付。如昂贵的护肤面膜，用一两次是没有用的，如果你的消费能力只是这种水平，这就是没必要买的东西。

（4）按照需求、实用、性价比高的顺序排列购物清单，丢掉前一个，后者就无须考虑。

(5) 有些昂贵的东西是为了维持社会身份。

(6) 超出承受能力的奢侈品谨慎购买，如果你的生活真需要靠这种东西来慰藉，你必须考虑这么做会给你带来的后续压力。

(7) 便宜的东西有好货，精挑细选也没有错，但同时你会承担高昂的时间成本。

3. 倡导绿色消费

绿色消费是从满足生态需要出发，以有益健康和保护生态环境为基本内涵，符合人的健康和环境保护标准的各种消费行为和消费方式的统称。

生活中常有这样的现象：有人热衷天然野味，各种珍稀动植物成为他们的盘中餐；有人图省事方便，崇尚一次性材料的使用，由快递、外卖带来的塑料污染随处可见；有人喜好相互攀比，过度消费带来超多的资源浪费和环境污染……。这种从自身利益和即时享受出发，而不考虑对生态、环境的影响和保护的消费行为，与“绿色消费”的理念背道而驰。

绿色消费主要包括三方面的内容：一是消费无污染的商品，二是消费过程中不污染环境，三是自觉抵制和不消费那些破坏环境或大量浪费资源的商品等。

随着经济社会的发展，人民生活水平的提高，发展与浪费形成巨大反差，环境问题的日益严重，促使我们对资源的占有与使用，理应有更深层次的思考。树立“绿色消费”意识，践行“绿色消费”行为，尤为必要。

课堂活动

2020 年 8 月，中央文明办印发《关于制止餐饮浪费　培养节约习惯的工作方案》的通知，文中指出，把制止餐饮浪费、培养节约习惯作为精神文明建设的重要内容。

“餐饮浪费现象，触目惊心、令人痛心！”尽管我国粮食生产连年丰收，对粮食安全还是始终要有危机意识，全球新冠肺炎疫情所带来的影响更是给我们敲响了警钟。要加强立法，强化监管，采取有效措施，建立长效机制，坚决制止餐饮浪费行为。要进一步加强宣传教育，切实培养节约习惯，在全社会营造浪费可耻、节约为荣的氛围。

小组讨论：

（1）在日常生活中你还观察到了哪些浪费资源的现象？

（2）你如何从心理的角度理解宴请消费中"好面子"这种现象？

（3）生活中，我们可以培养哪些绿色消费习惯？

第二节　杜绝不良嗜好

五彩缤纷的生活给我们带来感官享受的同时也夹杂着一些负面诱惑。生活需要管理，生命需要珍爱，管理好自己的每一个行为，珍爱自己，有所约束，才能健康生活，提高我们的生命质量。

一、管理自己的网络生活

网络游戏的冒险刺激，网络交友的自在轻松，网络不良信息的新鲜诱惑，使部分青少年学生上网时间过长，或者过于依赖手机。

1. 加强自我保护和自律意识

丰富多彩的网络世界为我们开阔眼界提供了前所未有的便利条件。不过良莠不齐、泥沙俱下的网络信息，对缺乏思辨能力的人群是一个很大的冲击，直接影响人们的思维方式，甚至让我们蒙受损失、陷入泥潭。

一些不良网站如淫秽网站、赌博网站、暴力网站、反动网站等，成为互联网上的陷阱。据调查，有1/3的青少年接触过网络色情信息，有20%的青少年曾经受到过在线的色情诱惑。暴力和破坏性的信息在网上随处可见，这些垃圾信息冲击着我们的理智思考，弱化我们的道德意识。

网络诈骗是为了达到某种目的在网络上以各种形式向他人骗取财物的诈骗手段。网络的开放性令诈骗行为数不胜数，方式各种各样。

为保护我们的身心健康，我们要进一步提高自己的辨别能力和自律能力，深刻了解不健康上网的危害，自觉远离网络垃圾，不沉湎于网上聊天和游戏，不散布、不浏览不健康的信息，不使用侮辱、谩骂性的语言聊天，自觉抵制不良网络信息的侵害，自觉遵守互联网使用规范。我们还要提高防范意识，避免遭受人身或财务上的损失。

全国青少年网络文明公约

要善于网上学习，不浏览不良信息；
要诚实友好交流，不侮辱欺诈他人；
要增强自护意识，不随意约会网友；
要维护网络安全，不破坏网络秩序；
要有益身心健康，不沉溺虚拟时空。

2. 控制上网时间

沉迷网络会引发各种心理和行为问题，如生物钟紊乱、食欲下降、思维迟缓、不愿与人交往等。如果不能管理好自己的上网行为，自制力就会减弱；如果沉溺于网络世界，就会忽视或逃避现实生活。

上网成瘾对我们的生理、心理、社会参与、价值观念等方面会产生很多负面的影响，主要表现在以下几方面：

（1）对身体的伤害。由于上网时间过长，大脑神经中枢持续处于高度兴奋状态，会引起肾上腺素水平异常增高，交感神经过度兴奋，血压升高，植物神经功能紊乱。此外，还会诱发心血管疾病、胃肠神经官能症、紧张性头痛等病症。由于长时间上网而猝死的报道也屡见不鲜。

（2）对心理和社会活动的影响。沉迷于网络的青少年无法有效控制上网时间，每周上网时间过长，相应地侵占了很多参加体育运动、与人交往或社会活动的时间。与父母、师长、同学的一些实际联系相应减少，亲子关系、师生关系、同学关系等出现问题的可能性大大增加，容易引起社会退缩和心理健康水平的下降。

（3）对人际关系的影响。在虚拟的网络世界里，在虚假身份的掩护下，我们可以大胆地表达自己的真实想法或无所顾忌地说自己想说的话。但更多时候，我们对于网络的人际关系充斥着不信任感，进而会对现实人际关系造成影响，形成人际关系的距离感与紧张。对于一些人来说，在现实中会变得更加内向和自我封闭。

（4）对道德和价值观念的影响。网络既是信息的宝库，也是信息的垃圾场。网络虚拟世界里人际关系的随心所欲，无须承担责任和免遭惩罚的特点，容易让人形成以自我为中心的习惯。特别是网络暴力、色情、欺诈等，会诱导迷恋网络的青少年道德素质下降、道德观念淡化。

（5）引发网络犯罪问题。网络交流的随意性和隐蔽性，极易造成网上隐私失密、网上恐吓、网上欺诈等现象。因为识别能力有限，自我保护意识不强，青少年常常成为受害者。他们的好奇心和模仿心理使得很多网络受害者又成为侵害者，从而引发网络犯罪。

3. 克服手机依赖

手机依赖导致我们很多的心理、社交方面的问题：

（1）孤独。我们捧着手机玩游戏、追剧……，把所有的注意力都集中在小小的屏幕上，对周围的人和事漠不关心，与外界的隔离状态让我们与他人面对面沟通的时间缩短，交往能力减弱，内心更加孤独。

（2）注意力障碍。心理学家发现，手机会让人们陷入一种持续的“多任务”状态，长此以往甚至会让人们患上类似“注意力障碍”的心理问题。我们都有这样的体会，一会儿看看手机有没有短信过来，一会儿翻翻微信或 QQ 留个言或聊几句，用用这个图标，查查那个软件。在这种不专心的情况下，我们的思维会不断地被打断，注意力也受到影响，思维变得难以深入。

（3）忽略身边人。手机可以让我们随时随地都能和别人联系，但当我们的注意力放在手机上的时候，很有可能就会忽略身边人的感受。比如爱看手机的年轻父母，会忽略与孩子的言语和情感交流；三五好友聚会时的“低头不语”，让聚会本身不再有任何意义；青春叛逆期的我们，把手机作为情感交流的出口，与父母的关系变得疏远……。

（4）让人处于应激状态。手机可以让每一个想与我们联络的人随时联系到我们。一会儿“滴滴”提示信息，一会儿收发一封邮件，一会儿来个骚扰电话，我们总是处于这种应激待命的状态，相对平静的心理被外界的环境时刻打扰，难以安定，时间被撕成碎片，专注于一件事的时间和效率大大降低。

4. 网络成瘾的干预和治疗

对于有网络成瘾倾向的个体来说，需要有意识地管理自己，通过改变一些习惯和行为，来改变自己的网瘾行为。

（1）实施时间管理，打破原来的上网习惯。

（2）设置提醒卡，当又动了上网的念头时，不断提醒自己：“不行，现在不是时候！现在应该学习！等周末再说！”

（3）寻找支持群体，有意识地参加各种兴趣小组，通过恢复、扩大与现实生活的接触，逐步减少对网络的依赖。

（4）积极的自我暗示，每当自己又成功地抵御住了上网的诱惑而认真地学习了一天，度过了一个充实的夜晚时，对自己进行鼓励："今天学得很好嘛！很投入！坚持就是胜利！"

如果被确诊为网络成瘾的个体，则需要转入医院和专业的相关机构进行治疗。

资料卡片

《精神疾病诊断与统计手册（第5版）》对网络游戏障碍（不包括网络赌博）的建议诊断标准如下：

持续、反复地使用网络参与游戏，经常与其他人一起游戏，导致临床显著的损害或痛苦，在12个月内符合以下5个标准：

（1）过度沉溺：沉湎于网络游戏（惦记先前的游戏活动，或预期玩下一个游戏；网络游戏成为日常生活中的主要活动）。

（2）戒断：当网络游戏被停止后出现戒断症状（通常被描述为烦躁、焦虑或悲伤，但无药物戒断的躯体体征）。

（3）耐受：对网络游戏产生耐受性，需花费越来越多的时间参与网络游戏。

（4）失控：对参与网络游戏难以自控。

（5）失去其他兴趣：作为结果，除网络游戏之外，对先前的爱好和娱乐失去兴趣。

（6）继续使用：尽管存在心理社会问题，但仍继续过度参与网络游戏。

（7）误导他人：就参与网络游戏的程度欺骗家人、治疗师或他人。

（8）作为逃避手段：通过网络游戏逃避或缓解负性心境（如无助感、内疚、焦虑）。

（9）不惜失去机会：由于参与网络游戏，导致损害或失去重要的人际关系、工作、教育或职业机会。

基于对日常活动的破坏程度，网络游戏障碍可分为轻度、中度及重度。

二、杜绝影响身心健康的不良嗜好

处于青少年时期的我们往往对新奇的事物有比较强烈的探索意识，会因为好奇或者觉得“很酷”去尝试或模仿他人的一些不良嗜好，如吸烟、酗酒、接触色情、赌博、药物成瘾和吸食毒品等。这些不良嗜好会对我们的身心健康造成很大危害，我们在生活中要坚决杜绝它们。

1. 吸烟

吸烟会使我们的身体对尼古丁产生强烈的生理及心理依赖，进而需要吸更多的香烟来缓解，形成恶性循环。研究表明，尼古丁戒断后个体会产生紧张、焦虑、头晕、头痛、疲倦、便秘或腹泻、眩晕、出汗、痉挛和心悸等症状。经常吸烟会严重危害我们的身体健康，导致各种疾病，比如肺癌。

我们不应该因为好奇或者证明自己而去接触香烟，最明智的做法就是远离香烟，养成自律的好习惯。

2. 酗酒

我们都知道，肝硬化与滥用酒精有关，这是一种病死率较高的疾病。长期过度饮酒会破坏免疫系统功能，出现高血压、心律不齐、心肌衰弱以及中风等疾病。酒精会影响我们的大脑发育，已有研究发现，那些滥用酒精的人的大脑海马体比不饮酒的人要小，而海马体与我们的记忆有关，将直接影响我们的学习活动。

酒精会影响自身的健康，饮酒行为容易将自己或他人置于危险之中。如因饮酒引发的寻衅滋事和交通事故等伤害。

3. 接触色情

色情被称为“精神鸦片”，严重危害我们的身心健康。主要影响一是耽误学业；二是易陷于欲望与自责的冲突中，形成消极的情绪和心理，或者自暴自弃，走向极端；三是一旦形成不健康的性认识和性观念，把不正常的性行为当作正常，对成年后的性态度和性行为会产生不利的影响；四是极易诱发性犯罪。

4. 赌博

赌博是引发青少年违法犯罪的重要诱因之一。聚众赌博、游戏赌博、网络赌博等赌博行为都是违法犯罪活动。赌博让人们追求刺激的欲望得到满足，给人带来物质和精神的双重刺激，而这种刺激又会进一步继续强化这种赌博行为。赌博的诱惑力与强化刺激让人失去自制力，轻则付出经济代价，重则家破人亡，违法犯罪。

赌博会削弱我们的道德观、是非观和社会责任感，易形成好逸恶劳等不良的心理品质。

5. 药物成瘾和吸食毒品

在某些环境下，对麻醉剂、兴奋剂、镇静剂、致幻剂这类药物的依赖对我们的身心健康构成了巨大的威胁。而吸食冰毒、摇头丸、K 粉、可卡因等毒品更将严重损害我们的生命健康。

对某种药物（比如某些精神类药物）成瘾是因为体内形成了对这种药物的生理需求，以至于停药时会产生戒断症状，如恶心、疼痛甚至癫痫。心理依赖是一种持续的、有时候极其强烈的对药物的心理需求，会导致个体产生想要服用药物的冲动。强烈的心理依赖可能比单纯的身体成瘾更难克服。比如，那些吸食“笑气”、滥用咳嗽糖浆的人会因为心理依赖而重新去服用成瘾药物。

毒品是人类的公敌，是全世界各国法律和政府严厉打击的对象，原因在于毒品会造成吸食者严重的生理依赖和精神依赖，进而破坏人体的生理机能，使之失去学习与工作能力，导致幻觉和思维障碍，还会助长传染病的发生与传播。同时，毒品的交易引发的各种经济、暴力犯罪严重破坏社会秩序，毒化社会风气。因此，无论从社会的角度还是个人健康生活的角度，我们都必须远离毒品。

探究与体验

想知道自己是不是过于依赖手机，请测试以下问题：

1. 是否总把手机放在身上，如果没带就会感到心烦意乱，无法做其他事情？

2. 当一段时间手机铃声不响，会不会感到不适应，并下意识地看一下手机是否有未接电话？

3. 会不会总有“我的手机铃声响了”的幻觉，甚至经常把别人的手机铃声当作自己的手机在响？

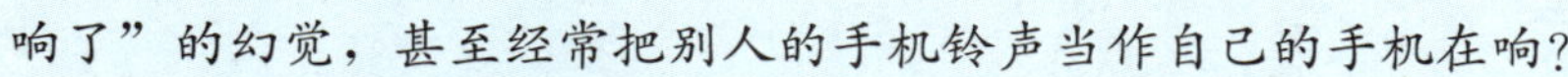

4. 是否经常下意识地找手机，不时拿出手机看看？

5. 是否经常害怕手机自动关机？

6. 晚上睡觉也开着手机吗？

7. 当手机连不上线、收不到信号时，会不会产生焦虑和无力感，而且脾气也变得暴躁起来？

8. 最近经常有手脚发麻、心悸、头晕、冒汗、肠胃功能失调等症状出现吗？

如果你对一半以上问题的回答是肯定的，那么你很可能过于依赖手机。

讨论分享：

（1）同学们平常花费在购买手机、手机上网的消费是怎样的情况？大家觉得这些消费合理吗？

（2）通过以上测试是否能够判定自己过于依赖手机。如果有，还有哪些症状可以告诉大家？

（3）如果过于依赖手机，它是如何影响自己正常学习和生活的？有什么办法可以克服吗？